LA ROQUETTE

HOMMAGE A NOTRE-DAME-DES-VICTOIRES

ET SOUVENIR AFFECTUEUX A TOUS MES BRAVES COMPAGNONS
DE CAPTIVITÉ.

JOURNÉES DES 24, 25, 26, 27 ET 28 MAI 1871

par M. l'abbé Laurent AMODRU

VICAIRE A N.-D. DES VICTOIRES

otage de la Commune, incarcéré à la Roquette, et condamné à mort.

DIXIÈME ÉDITION

Revue, considérablement augmentée, enrichie de huit
planches et de documents historiques

LETTRES DE MGR L'ARCHEVÊQUE DE PARIS, DE MGR DE SÉGUR,
DE M. BACUEZ, PRÊTRE DE SAINT-SULPICE, ETC.

PARIS	TOURNAI
P.-M. LAROCHE, LIBRAIRE-GÉRANT,	Ve CASTERMAN, IMP.-LIBRAIRE,
Rue Bonaparte, 66	**Rue aux Rats**

1873

Tous droits réservés.

LA ROQUETTE

JOURNÉES DES 24, 25, 26, 27 ET 28 MAI 1871

par M. l'abbé Laurent AMODRU

VICAIRE A NOTRE-DAME-DES-VICTOIRES

Otage de la Commune, incarcéré à la Roquette, et condamné à mort.

LA ROQUETTE

HOMMAGE A NOTRE-DAME-DES-VICTOIRES

ET SOUVENIR AFFECTUEUX A TOUS MES BRAVES COMPAGNONS
DE CAPTIVITÉ.

JOURNÉES DES 24, 25, 26, 27 ET 28 MAI 1871

par M. l'abbé Laurent AMODRU

VICAIRE A N.-D. DES VICTOIRES

otage de la Commune, incarcéré à la Roquette, et condamné à mort.

DIXIÈME ÉDITION

Revue, considérablement augmentée, enrichie de huit
planches et de documents historiques

LETTRES DE MGR L'ARCHEVÊQUE DE PARIS, DE MGR DE SÉGUR,
DE M. BACUEZ, PRÊTRE DE SAINT-SULPICE, ETC.

PARIS	TOURNAI
P.-M. LAROCHE, LIBRAIRE-GÉRANT	Ve CASTERMAN, IMP.-LIBRAIRE,
Rue Bonaparte, 66	**Rue aux Rats**

1873

Tous droits réservés.

NOTE DE L'ÉDITEUR

LA ROQUETTE par M. l'Abbé AMODRU, Vicaire a NOTRE-DAME DES VICTOIRES, est la seule relation de ce genre approuvée par Monseigneur L'ARCHEVÊQUE DE PARIS;

Par Monseigneur DE SÉGUR, qui voudrait qu'elle fût répandue en France par centaines de mille;

Par M. l'Abbé BACUEZ, prêtre de SAINT-SULPICE, otage et témoin qui loue l'exactitude des détails et affirme que ce livre fera aimer la Sainte Vierge;

Par M. l'Abbé JUGE, otage et témoin, Prêtre vénérable par son âge et ses vertus, qui affirme que le 27 mai 1871 est le plus beau jour de sa vie, sans excepter celui de sa première communion.

Enfin, c'est la relation exacte et fidèle à laquelle de nombreux otages rendent un éclatant témoignage. C'est un vrai document historique.

Et c'est le premier qui ait été publié par un otage de LA ROQUETTE.

FRAGMENT DU CHEMIN DE RONDE OU EURENT LIEU LES MASSACRES DU 24 MAI 1871.
(Les petits carrés représentent les pavés du chemin.)

Le Signe ⚑ indique le lieu du massacre.

Une inscription gravée sur marbre et scellée au mur porte les lignes suivantes :

✝

Respect à ce lieu témoin de la mort des nobles et saintes victimes du XXIV mai MDCCCLXXI.

Mgr. DARBOY (Georges),
Archevêque de Paris.

M. BONJEAN (Louis),
Président à la Cour de Cassation

M. DEGUERRY (Gaspard),
Curé de la Madeleine.

Le P. DUCOUDRAY (Léon),
de la Compagnie de Jésus.

Le P. CLERC (Alexis),
de la Compagnie de Jésus.

M. ALLARD (Michel),
Aumônier d'Ambulances.

A.B.C. Mur intérieur du chemin de ronde.
D.E.F. Mur extérieur du chemin de ronde
H.I. Lieu où étaient les fédérés pendant le massacre

ARCHEVÊCHÉ
DE TOURS   *Tours, le 8 juillet* 1871.

LETTRE

DE Mgr Hippolyte GUIBERT, ARCHEVÊQUE DE TOURS,

Nommé ARCHEVÊQUE DE PARIS, a l'auteur.

Mon cher Abbé,

J'ai lu avec le plus grand intérêt votre écrit sur les victimes des sauvages de la Commune. Nous avions lu plusieurs de ces détails épars dans les feuilles publiques, mais il était nécessaire de les recueillir et de les présenter avec ordre comme vous l'avez fait.

Vous avez mis d'ailleurs dans vos récits une animation et un sentiment de foi qu'on ne trouve pas toujours dans les autres narrations.

L'épisode de la défense des prisonniers, dans les derniers moments, est plein du plus haut intérêt.

. . . .

Agréez, mon cher Abbé, avec mes remerciements pour votre brochure, l'assurance de mes sentiments affectueux.

† HIPP., *Arch. de Tours*,
Nommé Archevêque de Paris.

LETTRE DE Mgr DE SÉGUR

A L'AUTEUR

Mon bien cher Abbé,

Votre relation des horribles et sanglantes Journées de la Roquette devrait être répandue par toute la France, par centaines de mille d'exemplaires. C'est la plus pénétrante et par conséquent la meilleure des prédications, la prédication des faits. Ceux-là parlent si haut que toute réflexion devient superflue.

Puissent toutes les classes de notre pauvre société, si profondément gangrenée par les mauvaises doctrines, ouvrir enfin les yeux et reconnaître que, sans l'Eglise, sans la foi, les plus nobles nations ne peuvent subsister longtemps..

En ce moment, il nous faut choisir : ou la

mort, la mort définitive, avec la révolution de n'importe quelle couleur, ou la vie avec l'Eglise et le retour à des institutions catholiques.

Je souhaite à votre bon et beau travail une pleine bénédiction, et vous prie de me regarder toujours comme votre serviteur et ami dévoué.

† L. G. DE SÉGUR,
Chan. Ev. de Saint-Denys.

Paris, le 15 août 1871.

AVANT-PROPOS

Nous mettons en tête de ce récit une lettre qui qui nous a été adressée par quelques-uns des militaires détenus comme nous, en qualité d'otages de la Commune, à la prison de la grande Roquette.

Paris, le 1ᵉʳ juin 1871.

A Monsieur l'abbé Amodru, *vicaire à Notre-Dame-des-Victoires.*

Monsieur le Vicaire,

Au moment suprême où nous allions tous périr dans la prison de la Roquette, vous nous avez bénis, vous avez ranimé notre foi et notre espérance.

En ce moment, le 27 mai, à quatre heures du soir, heure décisive, vous nous avez dit que nous allions écrire une des plus belles pages dans l'histoire de France.

Pas un d'entre nous n'a reculé. Notre résistance a été louée dans tous les journaux ; mais la page d'histoire n'est pas encore écrite. Nous comptons sur vous pour l'écrire.

C'est un souvenir que nous tenons à conserver ; nous

— 12 —

désirons que tous les noms de chacun de nous demeurent inscrits à côté des noms de tous les prêtres qui appelèrent sur nous toutes les bénédictions de Dieu lorsque nous en avions si grand besoin.

Comment se fait-il, Monsieur l'Abbé, que PAS UN SEUL HOMME DE NOTRE SECTION N'AIT PÉRI, *tandis que dans toutes les autres sections de l'infâme prison il y a eu de si nombreuses victimes ?*

Monsieur l'Abbé, vous nous le direz, en racontant le fait d'armes qui s'est accompli sous vos yeux, sans que nous eussions d'autres armes que des épées de bois, ni d'autres remparts que des paillasses, des matelas et des planches.

Merci d'avance, Monsieur le digne Prélat de Jésus-Christ (1), *que nousai mons à considérer comme un ami et un brave compagnon d'infortune.*

Vos défenseurs :

Félix TEYSSIER, sergent-major au 1ᵉʳ tirailleurs d'Afrique ;

(1) Expression militaire, pour dire prêtre de Jésus-Christ. — On trouvera à la fin l'autographe de cette lettre, que tous les autres militaires auraient signée volontiers si on avait pu la leur communiquer.

Hippolyte Duponchel, zouave ;

Arnoux, caporal au 9ᵉ de ligne (de Reilhanette, Drôme).

Issoly, brigadier d'artillerie ;

Lebanne ;

Archambeau ;

Moullette ;

Houvenaghel, maréchal des logis ;

G. Martin.

LETTRE DE M. BACUEZ,

PRÊTRE DE SAINT-SULPICE.

Qui se trouvait à la Roquette dans la même section
que l'auteur.

A M. l'Abbé Amodru.

« Monsieur le Vicaire et cher Confrère,

« J'ai lu votre récit avec le plus vif intérêt.

« Deux choses m'ont surtout frappé, l'exactitude des détails et l'ardeur des sentiments.

« Je souhaite que ce travail soit publié : il rendra gloire à Dieu et fera bénir la Sainte Vierge.

« Agréez, Monsieur et cher Confrère, mes félicitations et mes remerciements les plus sincères (1).

« L. Bacuez,

« Directeur au Séminaire de Saint-Sulpice. »

---

(1) On trouvera à la page 185 une autre lettre de M. l'abbé Bacuez.

LA ROQUETTE

JOURNÉES DES 24, 25, 26, 27 ET 28 MAI 1871.

I

MASSACRES DU 24 MAI.

Mort de l'Archevêque de Paris, de M. Bonjean, de l'abbé Allard, de M. Deguerry et des RR. PP. Clerc et Ducoudray, de la Compagnie de Jésus. — La sœur de l'Archevêque délivrée de prison.

Aujourd'hui, 31 mai, nous assistons au dénoûment du drame sanglant qui a effrayé Paris et épouvanté l'Europe.

L'insurrection est vaincue. On n'entend plus le bruit du canon; on ne voit plus les sinistres lueurs de l'incendie, et le soldat qui n'a pas été blessé repose tranquillement à côté de son fusil devenu paisible et silencieux.

Mais que de sang, que de ruines ! et combien de larmes couleront encore !

Tous ceux qui furent témoins de tant de maux, tous ceux qui en souffrirent et qui purent y survivre, tiendront à en perpétuer le souvenir comme une terrible leçon donnée à la postérité.

Si chacun de ceux qui peuvent parler ou écrire se fait un devoir de dire ce qu'il sait, nous aurons une histoire complète de ces douloureux événements.

C'est dans ce but qu'en ma double qualité de témoin et de condamné à mort, je raconte aujourd'hui ce que j'ai vu et entendu, dans la prison de la Roquette, pendant les journées tristement célèbres des 24, 25, 26, 27 et 28 mai de l'année présente (1871).

Qu'on veuille bien me considérer comme un narrateur, sorti subitement, sinon miraculeusement, d'un tombeau d'où il ne devait plus sortir.

Le mercredi 24 mai, à trois heures de l'après-midi, j'eus l'honneur de m'entretenir avec Mgr Darboy, archevêque de Paris ; je lui parlai de sa sœur, qui, en sortant de prison, était venue me remercier, puis s'agenouiller et prier devant l'autel de Notre-Dame-des-Victoires. Je lui dis que sur mon conseil elle avait immédiatement quitté Paris le 27 avril et qu'elle se trouvait en sûreté. On ne saurait se figurer combien Monseigneur fut sensible à tout ce que je lui dis de cette sœur, qu'il aimait avec une rare tendresse, et dont la délivrance lui avait été si agréable.

Il se montra également très-sensible au dévouement des prêtres restés à Paris, pendant la Commune, pour y travailler au salut des âmes.

Nous parlâmes ensuite de Notre-Dame-des-Victoires et des offices solennels que nous y avions faits avec un grand concours de fidèles, depuis le saint jour de Pâques jusqu'au 17 mai, veille de l'Ascension, jour de mon arrestation et de la profanation de cette église (1). Je lui dis que nous avions l'habitude de recommander publiquement aux prières des fidèles la France, le Saint-Père, notre archevêque, les prêtres pri-

---

(1) L'église de Notre-Dame-des-Victoires fut prise par les impies le 17 mai, veille de l'Ascension, et reprise par l'armée française le 24 mai, fête de Notre-Dame Auxiliatrice. — Je fus fait prisonnier la veille de l'Ascension et je commençai à recouvrer la liberté la veille de la Pentecôte : l'espace d'un Cénacle, *Erant perseve-*

sonniers et tous les malheureux, toutes choses qui l'intéressèrent vivement (1).

Après cela, il fut question de la triste situation que les circonstances faisaient au clergé et aux paroisses de Paris, deux points sur lesquels Monseigneur me parut très-imparfaitement renseigné.

De l'ensemble de notre conversation je puis conclure que Mgr Darboy a fait plusieurs fois le sacrifice de sa vie dans la prison; mais que ce jour-là, 24 mai, à l'heure où je lui parlais, il n'avait pas le moindre pressentiment du coup qui allait le frapper quatre heures plus tard.

Nous ignorions tout ce qui se passait au dehors; la faveur accordée ce jour-là même à tous

rantes unanimitur in oratione, cum mulieribus et Maria Matre Jesu et fratribus ejus. (Act., 1.)

(1) Pendant la Commune, je suggérai aux fidèles d'invoquer spécialement saint Denys l'Aréopagite, Apôtre de Paris et je fis le vœu, si nous obtenions la délivrance des prêtres ou d'un bon nombre des prêtres incarcérés, de travailler à rétablir dans Paris le culte de saint Denys l'Aréopagite, Apôtre de Paris. — On m'offrit alors quelques dons pour faire une bannière en son honneur. Ce projet fut ajourné. (Voir page 152.)

les prêtres de se promener ensemble de deux à quatre heures fut considérée comme de bon augure. C'était une erreur.

Après cet entretien (1), j'eus le bonheur de converser avec plusieurs de mes confrères, et nous convînmes de nous mettre tous en prières, à sept heures du soir. Cette pieuse convention fut scrupuleusement observée dans la troisième section, parce qu'il me fut possible de la communiquer à tous les prêtres qui s'y trouvaient enfermés.

Une âme très-humble habitant fort loin de Paris, âme que je connais depuis plus de vingt ans et que plusieurs Prêtres d'un grand mérite

---

(1) Cet entretien particulier dura trente-huit minutes; ce qui surprit beaucoup tous ceux qui en furent témoins, car jusque-là je n'avais jamais été admis dans l'intimité de Monseigneur. Mais il fut touché de ce que j'avais fait pour lui et plusieurs de ses prêtres en leur procurant un visiteur dévoué, M. Etienne Plou, jurisconsulte, qui avait obtenu de la Commune un permis régulier. Beaucoup de personnes ignorent quelles démarches importantes furent faites en ces jours périlleux pour la délivrance de l'Archevêque de Paris et des prêtres incarcérés.

La plupart de ces démarches avaient leur point de

considèrent comme favorisée de grâces exceptionnelles dans ses communications intimes avec Dieu, m'a avoué que ce jour là, Mercredi 24 Mai, de 3 à 4 heures du soir, elle eut nommément révélation de la future délivrance de quelques Prêtres pour lesquels elle implorait la miséricorde de Dieu.

Je rapporte ce fait sans commentaire.

départ à N.-D. des Victoires, devenue alors comme le centre de tout le mouvement religieux.

La lettre suivante démontrera suffisamment pourquoi Monseigneur daigna s'entretenir longtemps avec moi.

« Paris, le 3 juin 1871.

« *A Monsieur le rédacteur en chef de* LA LIBERTÉ.

« Monsieur,

« On vient de me communiquer un article intitulé :
« *Evasion de Mlle Darboy*, et qui se trouve dans la *Liberté*
« du 1er juin.

« Il résulte de la narration que Mlle Darboy devrait
« sa délivrance au général Dombrowski, sur l'initiative
« prise le 12 mai par Mme la directrice générale des
« Dames de la Providence.

« Je laisse à son auteur la responsabilité de cette nar-
« ration, et je vous prie, Monsieur, de vouloir bien ac-

Pour être bien compris, nous devons dire que les bâtiments de la prison comportent généralement trois étages, dans chacun desquels il y a un long couloir par où on arrive dans les diverses cellules. Un long couloir avec ses cellules constitue une section qui porte un numéro. Les prêtres enfermés dans la troisième section étaient

« cueillir quelques explications destinées à renseigner
« complétement vos lecteurs sur la mise en liberté de
« la digne sœur de notre archevêque martyr. A la de-
« mande, notamment, de M. l'abbé Amodru, l'un des
« prisonniers échappés aux assassins de la Roquette,
« je m'étais mis en rapport le 25 avril avec le citoyen
« Protot, dans le but d'obtenir l'élargissement, au be-
« soin sous caution, de Mgr Darboy, de Mlle Darboy,
« de MM. les abbés Deguerry, Icard, Bayle, Roussel, etc.
« Il me sembla convenable d'engager la négociation
« d'abord pour Mlle Darboy, dont l'arrestation était en-
« core plus inexplicable que celle des autres victimes.
« Le citoyen Protot parut adopter mes raisons et m'a-
« dressa au citoyen Moirey, juge chargé de l'instruc-
« tion.

« Le 26 je me rendis auprès du citoyen Moirey : il
« avait déjà interrogé Mlle Darboy, détenue alors au
« dépôt; il parut reconnaitre encore mieux que le ci-
« toyen Protot l'opportunité de l'élargissement, même
« dans l'intérêt de la Commune, et il me donna rendez-

M. Bacuez, M. Lamazou, M. Depontalier, le P. Bazin, M. Juge, M. Guillon, M. Delmas, M. Guébels, M. Carré et moi. Nous ne manquâmes pas à la pieuse convention. Plusieurs autres prêtres, et spécialement M. Bayle, qui se trouvaient enfermés dans une autre section en face

« vous, pour le lendemain 27, dans le cabinet du délé-
« gué à la justice.

« De nouvelles explications eurent lieu ; on ne me
« promit rien, mais le citoyen Protot me délivra un per-
« mis, que je possède encore, pour visiter ma cliente,
« qui avait été transportée la veille à Saint-Lazare, et
« j'allais vers onze heures lui porter des paroles d'espé-
« rance.

« Le même jour, vers quatre heures, Mlle Darboy
« était en liberté. Sa première visite était pour l'autel
« de Notre-Dame-des-Victoires ; elle rencontrait dans
« l'église M. l'abbé Amodru, et c'est grâce aux instan-
« ces de ce dernier qu'elle partait dans la soirée même
« de Paris pour se rendre à Conflans-Charenton.

« Comme vous le voyez, monsieur, Mlle Darboy ne
« doit pas exclusivement sa délivrance au général
« Dombrowski ; je tiens à le constater, surtout pour
« elle, dans un but que vous comprendrez sans peine.

« Agréez, Monsieur, l'expression de mes sentiments.

« ÉTIENNE PLOU,

« Jurisconsulte. »

LA ROQUETTE, PRISON DES CONDAMNÉS.

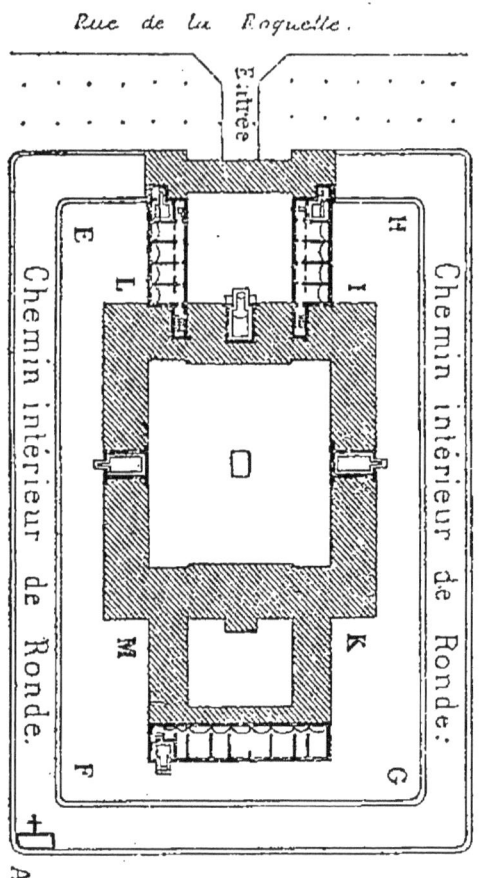

Le chemin intérieur de ronde était exclusivement réservé aux soldats otages.

La cour intérieure, marque HGEF, était le lieu réservé aux otages civils et ecclésiastiques.

Dans le corps de bâtiment LM étaient l'Archevêque, MM. Deguerry, etc., et toutes les victimes du 24 mai.

Le corps de bâtiment IK comprenait la 3ᵉ et la 2ᵉ section. (Voir pages 86 et suivantes.)

de nous, avaient accueilli cette proposition avec un pieux empressement; ils étaient aussi en prière à la même heure. (Voir les plans de la 3ᵉ et de la 4ᵉ section, p. 104, 106, 161, 163.)

Tout à coup la cellule de Mgr l'Archevêque s'ouvrit. Un homme portait une liste sur laquelle était écrit le nom du Prélat, avec les noms de M. Bonjean, président de la Cour de cassation; du P. Clerc et du P. Ducoudray, de la Compagnie de Jésus; de M. Deguerry, curé de Sainte-Madeleine, et de M. Allard, ancien missionnaire. Les six victimes appelées sortirent de leurs cellules et furent immédiatement dirigées vers le lieu du sacrifice, c'est-à-dire à l'angle intérieur du chemin de ronde, que je désigne dans le plan, par la lettre A. Le signe ⊓ est l'endroit précis du supplice.

Bientôt nous entendîmes des feux sinistres et irréguliers de peloton qui se reproduisirent deux fois et à des intervalles de temps assez rapprochés; puis quelques coups furent tirés isolément.

Tout cela se passait dans l'intérieur des murs de la prison, et, à travers la fusillade, nous pûmes distinguer, du fond de nos cellules, quelques cris plaintifs que la douleur arrachait aux mourants.

Trois victimes tombèrent tout d'abord à la première fusillade ; puis deux autres à la seconde. M. Bonjean essaya de se relever après la première décharge. M. l'abbé Allard fut littéralement criblé de balles.

Cinq victimes expiraient ! La sixième restait debout (1). C'était l'Archevêque de Paris ! Quel spectacle !

Mais pourquoi cet étrange et mystérieux privilége ?

Peut-être les bourreaux avaient-ils visé de préférence les autres condamnés, chacun d'eux laissant à son voisin le soin de verser le sang de l'Archevêque. Peut-être y avait-il quelque autre motif que Dieu seul connaît. Un voile sombre et lugubre couvre, hélas ! cette question d'une profonde obscurité.

---

(1) Témoignage cité dans l'oraison funèbre de Mgr Darboy, prononcée à Notre-Dame le 18 juillet 1871, par M. l'abbé Adolphe Perraud, discours très-remarquable et bien digne d'être conservé.

Bientôt des coups isolés furent entendus. — L'Archevêque tombait frappé de mort.

Tout porte à croire qu'on a tiré sur l'Archevêque deux coups de pistolet à bout portant. Son corps et ses habits furent entièrement traversés par deux balles dans la région de la poitrine et du cœur.

Comme des milliers d'autres, j'ai vu, à l'archevêché, le corps de Monseigneur, et j'ai remarqué que la balle frappant au côté droit lui avait enlevé deux phalanges des doigts de la main droite sans atteindre la main gauche. Ce fait matériel me porterait à penser que Monseigneur, au moment de sa mort, tenait la main droite appuyée sur sa poitrine et non loin du cœur, tandis qu'il levait la main gauche vers le ciel, comme pour faire à Dieu le suprême sacrifice de sa vie.

Le crime était accompli..... On assure que des gardes nationaux fédérés, invités à commettre cet attentat, s'y étaient refusés nettement, et que, par suite de ce refus, on alla chercher je ne sais quelle troupe sinistre qui se trouvait à la mairie du XIe (boulevard du Prince-Eugène).

La justice de Dieu aura son heure ; un jour, tout sera mis à découvert. On ne voulait pas garder un seul témoin de tous ces crimes, et Dieu en conserva plus de cent cinquante dans la prison (1).

Puissent les coupables revenir à de meilleurs sentiments ! Et puissions-nous enfin vivre tous comme des frères, enfants d'un même Père qui est aux cieux !

Quoi qu'il en soit, tous ceux qu'on avait appelés au supplice, dans ce *chemin de ronde* désormais célèbre, moururent courageusement, faisant à Dieu le sacrifice de leur vie.

Quelques jours auparavant, le P. Chauveau, de la Compagnie de Jésus, étant venu prier à Notre-Dame-des-Victoires, nous avions étudié ensemble les moyens de faire parvenir aux prisonniers

---

(1) L'un des chefs qui commandèrent le feu contre Mgr l'Archevêque et qui vint audacieusement à la porte de la Roquette, dans la matinée de la Pentecôte, espérant bien n'être pas reconnu, fut pris et interrogé. Il s'avoua coupable et fut exécuté dans le chemin de ronde. La justice de Dieu passait à notre insu à côté de nous. (Note de la 9e édition.) — Voir la lettre du lieutenant de vaisseau Bruant, p. 209.

la sainte Eucharistie, qu'ils désiraient ardemment.

Le 14 mai, dix jours avant la mort de l'Archevêque, il m'apprit avec bonheur qu'il y avait réussi ; souvenir touchant qui rappelle les premiers jours du christianisme. Je ne puis y penser sans que mes yeux se mouillent de larmes. Je voulais envoyer aux autres la sainte Eucharistie, et je devais me rencontrer avec ce céleste envoi dans les murs de la Roquette.

Il est très-probable que tous purent communier avant de mourir. Quant à l'absolution, il est hors de doute que tous l'ont reçue.

Nous avions appris dans la prison que M. Bonjean s'était confessé deux jours avant sa mort au P. Clerc. Il avait dit, à ce propos, à Mgr l'Archevêque : « Voilà que moi, qui avais été si gallican, j'ai fini par me confesser à un Jésuite (1). »

La source d'où nous tirons ces paroles nous permet d'affirmer qu'elles sont textuelles.

On attribue à l'Archevêque certaines paroles qu'il aurait prononcées avant d'expirer ; mais je

---

(1) M. Bonjean était né à Valence en Dauphiné.

n'ai pas une certitude suffisante à cet égard, pour me permettre de les rapporter ici, bien que j'aie cherché immédiatement et depuis lors, à recueillir tous les faits qui pouvaient se rattacher à sa mémoire.

Lorsque Monseigneur, franchissant la porte de fer pour se rendre au chemin de ronde, voulut prendre la parole, on ne le lui permit pas. Une voix forte couvrit la sienne en disant : « Le « temps n'est pas aux discours; les tyrans n'y « mettent pas tant de ménagements. »

Ces paroles furent très-distinctement entendues par M. l'abbé de Marsy, vicaire à Saint-Vincent-de-Paul.

Si, comme on le prétend, il a dit, après avoir franchi la grille de fer : « J'ai toujours aimé la liberté », il n'a pu prononcer cette parole, dans un moment aussi solennel, que pour repousser une accusation injuste (1), et il a dû le faire en

---

(1) Les chefs de la Commune lançaient contre le clergé cette étrange accusation : « Depuis plus de dix-huit siècles vous étouffez la liberté et vous enchaînez la libre-pensée, il est temps que cela finisse. — Plus de Dieu, plus d'églises, plus de prêtres ni d'autels. »

On remarquait dans les discours de ceux qui les remarchant vers le lieu du supplice, non au moment d'expirer.

Un évêque et un prêtre, à cette heure suprême, ne peuvent plus avoir qu'une pensée, celle de l'Éternité !

Vers l'époque de son arrestation, on avait voulu lui faire signer une pièce portant ces mots : « *Darboy, ex-archevêque de Paris* »; il avait énergiquement répondu : « Ce n'est pas vous qui m'avez fait archevêque de Paris, et ce n'est pas vous qui pouvez me destituer ; vous m'enverriez en Chine, que j'y serais toujours et encore mieux archevêque de Paris. C'est un pouvoir que je ne tiens pas des hommes. »

Noble réponse et vraiment digne d'un évêque ! J'aime à la citer, parce que je l'ai moi-même en-

présentaient les armes à la main, une profonde ignorance de la religion et une haine stupide contre tout ce qui se rapporte à Dieu.

Pauvres gens, ils en étaient venus là par le travail abrutissant du Dimanche et la lecture habituelle des journaux impies qui, pour eux, remplacent le prône, depuis que nous n'observons plus la loi du septième jour. — Il devrait y avoir en France une conjuration de tous les honnêtes gens contre le TRAVAIL DU DIMANCHE.

tendue de sa bouche, le 24 mai, au moment où finissait notre conversation intime.

M. l'abbé Bayle avait pu quelquefois converser avec Monseigneur dans la prison. Un jour qu'il lui parlait du martyre : « Il me semble, lui dit-il, Monseigneur, que si l'on vous faisait mourir ici, vous seriez martyr. Dans la vie de saint Thomas de Cantorbéry que vous avez écrite, il y a pour le moins autant de politique que dans la vôtre. — Certainement, lui répondit Monseigneur, si l'on me condamne à mourir, c'est parce que je suis archevêque de Paris. »

Disons enfin que Mgr Darboy avait donné par écrit au Souverain-Pontife son adhésion pleine et entière à tous les décrets du Concile du Vatican, et spécialement à celui qui regarde l'infaillibilité du Vicaire de Jésus-Christ (1).

On a prétendu à tort que M. l'abbé Deguerry eut un moment de défaillance ; voici ce qui a pu

---

(1) Voir la promulgation des décrets du Concile du Vatican, par Mgr H. Guibert, archevêque de Paris, et la lettre au Saint-Père de Mgr Darboy, citée dans les *Annales de Notre-Dame des Victoires*, mai 1871.

donner lieu à cette erreur. Lorsque les victimes furent appelées nommément, M. Deguerry, étendu sur son lit, dormait d'un profond sommeil, et il ne s'éveilla qu'en entendant Mgr Surat lui dire d'une voix émue : « *Mais, mon ami, c'est vous qu'on appelle!* » M. Deguerry éprouva alors cette surprise que peut tout naturellement ressentir, dans l'intérieur d'une prison, un condamné qu'on éveille en sursaut. Hélas! il allait passer du sommeil de la vie au sommeil de la mort, l'émotion était permise. Parlant, ce jour-là même, à M. l'abbé Delmas, il lui avait dit : « Le salut de Paris ne sera pas obtenu sans l'effusion d'un sang innocent; *Sine sanguinis effusione non fit redemptio* (1) ». M. Deguerry avait donc le pressentiment du martyre, et il l'avait si bien que vers cinq heures du soir, le 24 mai, c'est-à-dire deux heures avant sa mort, il reçut, en viatique, la sainte Communion des mains du P. de Bengy (2).

Ce fait ne saurait être contesté, car le P. de Bengy l'avait raconté lui-même à M. l'abbé Pe-

---

(1) Heb. 9, 22.
(2) M. Deguerry était né à Génas en Dauphiné.

tit, secrétaire-général de l'archevêché ; mais assurément, ni M. l'abbé Deguerry, ni les autres ne s'attendaient à mourir si promptement. On pensait qu'il y aurait au moins un simulacre de jugement.

Les beaux sentiments du P. Clerc et du P. Ducoudray, Jésuites, nous sont révélés par tout l'ensemble de leur vie et par la brochure qu'a publiée tout récemment le P. de Ponlevoy. — L'un et l'autre portaient sur eux la sainte Eucharistie.

M. l'abbé Allard marchait au supplice les mains jointes, comme s'il fût allé à la sainte Table ! En sortant de sa cellule, il avait dit à ses bourreaux : « Je vous recommande de me faire mourir promptement. » C'est probablement ce qui lui valut la décharge d'un grand nombre de fusils. — Nous avons dit que son corps fut trouvé criblé de balles.

Il est à présumer que M. Bonjean, qui s'était confessé, put aussi recevoir le saint Viatique, en se rendant au lieu du supplice.

Ces tristes événements s'accomplirent le mercredi 24 mai, vers huit heures du soir.

Prêtres et fidèles, tous les prisonniers s'attendirent, dès ce jour, à mourir, et se préparèrent chrétiennement à paraître devant le souverain Juge. O murs lugubres de la Roquette, vous vîtes alors ce que la pieuse industrie du prêtre de Jésus-Christ peut produire d'admirable, à l'ombre terrible de la prison et de la mort ! Des laïques se promenaient et parlaient tout bas avec des prêtres; des prêtres se promenaient deux à deux et parlaient tout bas d'un air grave et mystérieux; puis, dans un angle de mur, dans un coin, à l'écart, tous deux se découvraient pieusement et faisaient un signe de croix : l'absolution était donnée et reçue. Un jour, l'un de ces prêtres, que le zèle du salut des âmes poussait à parcourir les groupes, dit à trois laïques :

« Messieurs, entre nous prêtres, nous avons réglé nos comptes pour l'éternité; c'est l'heure d'y penser. »

Il lui fut répondu :

« Merci, Monsieur l'abbé, nous vous sommes reconnaissants de votre charité, mais c'est fait. »

Dans ce groupe se trouvait un prisonnier fort respectable qui garda le silence. C'était M. Derest, officier de paix, qui, prenant l'abbé à part, fit immédiatement sa confession. Après cela, il baisa la main du prêtre, et il lui dit, en versant des larmes : « Je ne sais si nous sortirons vivants de ce lieu; mais, si vous me survivez, je vous prie de dire à ma femme et à mes enfants ce que je viens de faire par votre ministère. J'ai des filles que je conduisais moi-même aux catéchismes de Saint-Sulpice. Vous les rendrez bien heureuses en leur disant que leur père s'était bien confessé avant de mourir (1). » Combien d'autres ont pareillement reçu les secours religieux avant de mourir !... Le lendemain, 26 mai, cet officier de paix disparaissait, avec beaucoup d'autres, sous les coups de la mort. Son corps a été retrouvé à Belleville, dans le secteur de la rue Haxo (2).

On peut dire, en toute vérité, que les victimes

---

(1) Nous n'avons pas manqué de donner cette consolation à la famille de M. Derest.

(2) Voir le plan, p. 63.

de la Roquette reçurent généralement les consolations de la foi avant de mourir.

Rien de solennellement lugubre comme ces corridors et ces murs de la prison quand on eut appris la mort des six premières victimes. Chaque heure qui sonnait à l'horloge de la cour intérieure semblait être la dernière; les prêtres priaient continuellement, et nous en connaissons qui recevaient l'absolution tous les jours.

Je ne saurais oublier les entretiens que j'avais alors à côté des barreaux de ma fenêtre avec M. l'abbé Lamazou. Ce monde avait disparu pour nous et nos regards ne considéraient plus que les joies de l'éternité !

Pour ajouter un trait à ce sombre tableau, nous dirons encore que chaque soir les murs intérieurs de la cour reflétaient les sinistres lueurs de l'incendie qui consumait plusieurs monuments de Paris. A travers les barreaux de fer de nos fenêtres nous apercevions la fumée et les feux, signes avant-coureurs d'une mort inévitable, et nous avions aussi devant les yeux les tronçons de la croix qu'une main sacrilége avait brisée au-dessus de l'entrée de la chapelle; preuve qu'on avait en haine la religion, dans cette pri=

son où tous les prêtres étaient irrévocablement condamnés à mort.

Grande leçon pour la postérité. La croix est renversée mais Paris est en feu et la France à deux doigts de sa ruine !

Le 28 mai, jour de la Pentecôte, les corps des six victimes du 24 mai furent trouvés et reconnus dans le cimetière du Père Lachaise.

Ainsi, d'un côté les morts sortaient de leurs tombeaux pour être glorifiés ; et d'un autre côté le même jour, à peu près à la même heure, les prêtres survivants sortaient aussi d'une espèce de tombeau où les ennemis de Jésus-Christ croyaient les avoir ensevelis pour toujours.

Les martyrs témoins de Dieu étaient au Ciel et les témoins des martyrs apparaissaient vivants le jour de la Pentecôte pour dire au monde la vérité et rendre grâces à Dieu.

II

JOURNÉE DU 25 MAI.

Le jeudi 25 mai, il y eut quelques victimes dont j'ignore les noms; elles durent expirer hors de la prison.

Le bruit courut que M. Jecker avait été fusillé. — On l'avait emmené, avec deux autres victimes, dans la rue de Chine. C'est là que tous les trois furent tués et enterrés. Le corps de M. Jecker a été reconnu vers la fin de juillet par les recherches de la justice. Les deux autres sont inconnus.

Pressés par l'armée française qui avançait victorieusement dans Paris, les chefs de la Commune durent renvoyer au lendemain les exécutions préméditées.

Ce même jour je reçus avec un religieux respect, des mains du caporal Arnoux, un fragment de crâne de l'une des victimes avec une balle qui avait traversé leur corps.

Peut-être ces précieuses reliques ont-elles contribué à notre salut le 27 mai 1871. (Voir p. 179.)

III

JOURNÉE DU 26 MAI.

Appel de 47 ou 52 victimes. — Massacre de la rue Haxo. — Le DÉLIT des PRÊTRES. — Lettre de l'auteur au P. de Ponlevoy et réponse.

La journée du vendredi 26 mai fut plus terrible que toutes les autres.

Du greffe partaient continuellement des ordres et sortaient sans cesse des listes. En voyant ces employés qu'il me semble apercevoir encore traversant la cour un papier à la main, chacun de nous se disait :

« Si je suis inscrit sur cette liste, dans un quart d'heure je ne serai plus de ce monde. »

Le soldat trépignait en entendant le canon et la fusillade du dehors :

« Mourir assassiné, disait-il, ah! c'est affreux ! Que ne suis-je avec mes anciens camarades, combattant sous mon drapeau et marchant contre les incendiaires qui brûlent les maisons, tuent les prêtres et pillent les églises ! »

Pauvres soldats ! leur courage demeurait impuissant derrière ces barreaux que leurs mains ne pouvaient briser. Ce jour-là, vendredi 26 mai, vers le soir, trente-huit gardes de Paris, presque tous pères de famille, qui étaient enfermés au rez-de-chaussée, furent appelés, conduits hors de la prison et fusillés à Belleville. Douze ou pour le moins onze ecclésiastiques subirent le même sort.

Une morne stupeur, que ma plume ne saurait retracer, régnait alors dans toute la prison.

Pas un mot n'était prononcé ; vous eussiez à peine entendu un soupir. J'étais à genoux, faisant, comme tous les autres, mon sacrifice à Dieu, quand j'aperçus tout à coup M. l'abbé Bayle, qui, d'un geste très-significatif, m'indiqua avec ses doigts, qu'il ouvrit et ferma plusieurs fois, le nombre des victimes. Ce nombre me parut tellement exagéré que je ne pouvais y croire ; alors, d'un geste plus significatif encore, M. l'abbé

Bayle confirma tout ce qu'il avait essayé de me faire entendre quant au nombre et au choix des victimes. Enfin il éleva ses mains et ses yeux vers le ciel ; je vis ses deux mains, que je dévorais du regard, se rejoindre lentement au-dessus de sa tête et retomber enfin sur sa poitrine, comme pour me dire : « C'est fini, faisons notre sacrifice à Dieu. »

Nous étions convenus que, dans le cas où il serait appelé à mourir, il attacherait au barreau de sa fenêtre un papier blanc. Ce sinistre papier y fut attaché ; je le montrai à M. l'abbé Lamazou, dont la cellule touchait la mienne. Bientôt M. l'abbé Bayle ne parut plus à la fenêtre, et je me jetai à genoux ; M. l'abbé Lamazou et M. l'abbé Bacuez, mes deux voisins, en firent autant. Je crus vraiment que je ne reverrais jamais M. l'abbé Bayle. Cinq minutes s'étaient à peine écoulées que nous entendîmes les pas d'un gardien qui venait dans notre section, désignant des numéros et des noms tout près de nos cellules. Je dis tout bas à M. l'abbé Lamazou et à M. l'abbé Bacuez : « *Finitum est*, c'est fini. » Notre sacrifice fut en ce moment tout ce qu'il pourra être quand il faudra mourir, si nous avons la certitude d'une mort très-prochaine. Cependant je dois avouer que, dans l'intimité de mon âme et tout en faisant mon sacrifice, j'attendais une protection spéciale de Notre-Dame-des-Victoires, et je sentais ma confiance grandir avec le péril.

Nous étions à genoux, quand tout à coup, vers sept heures et demie du soir, nous entendîmes très-distinctement les cris aigus et déchirants d'une multitude qui succombe sous les coups d'une fusillade. Puis nous n'entendîmes plus rien, ni cris, ni soupirs, ni coups de fusil.

Des témoins assurent que les prêtres qu'on emmenait alors au secteur de Belleville pour les y fusiller furent accueillis par des huées et des coups à leur sortie de la Roquette. C'étaient bien les disciples de Jésus montant avec lui au Calvaire. Les victimes sorties de la Roquette et dirigées vers Belleville le 26 mai étaient au nombre de cinquante-deux ; d'autres disent quarante-sept.

Pendant le trajet on ne leur épargna ni les outrages, ni les mauvais traitements. Le plan de leur itinéraire, que nous traçons à la page suivante, contribuera à éclairer le lecteur.

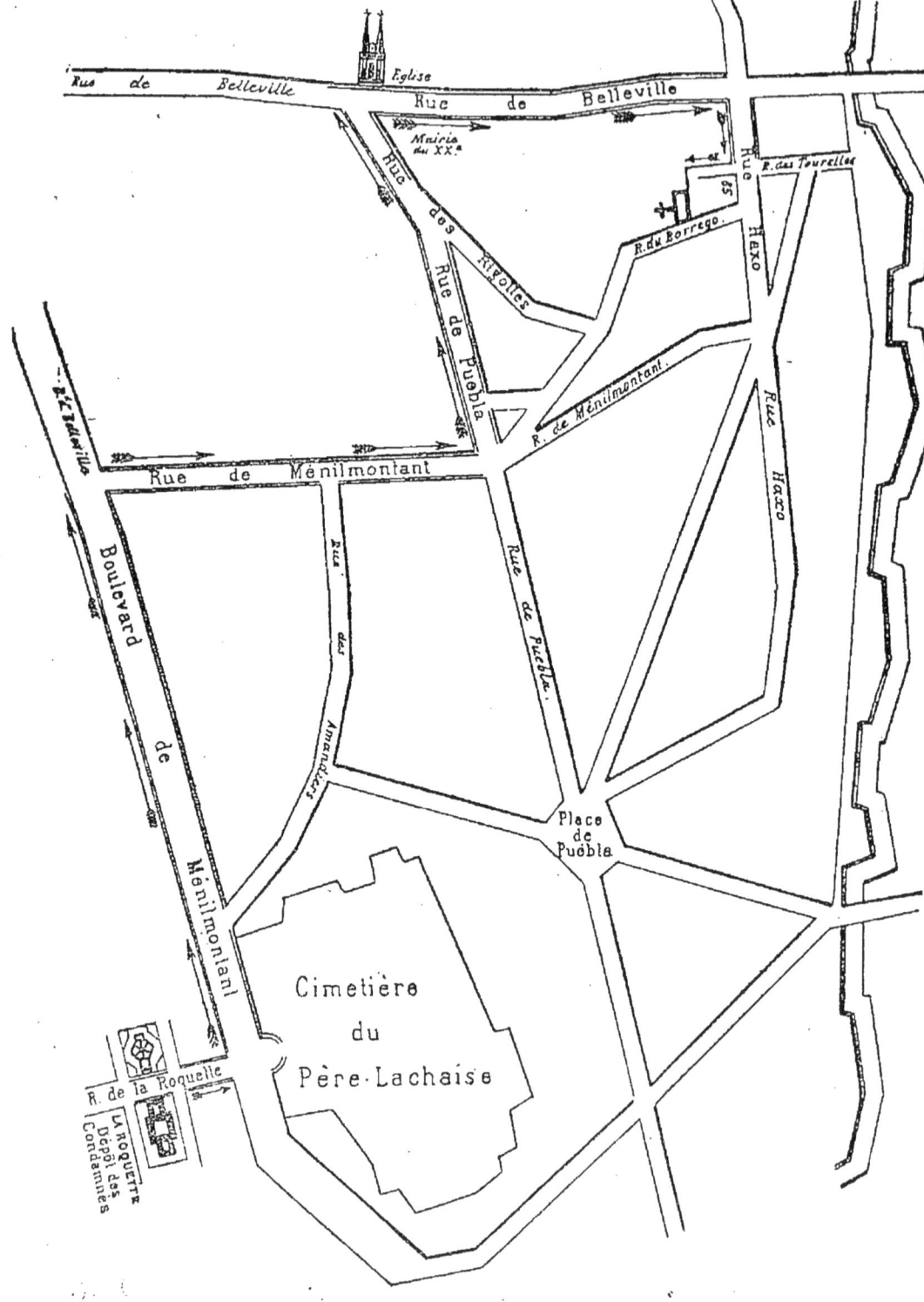

PLAN

DE

L'ITINÉRAIRE DES VICTIMES DU 26 MAI.

La flèche indique la route suivie par les victimes depuis la prison de la Roquette jusqu'au lieu de la sanglante immolation, indiqué par le signe ⌐†¬

L'espace rectangulaire surmonté d'une croix est limité par quatre murs dont l'un, celui par où entrèrent les victimes, n'a qu'un mètre de haut.

Les rues et les boulevards sont bordés de deux lignes plus accentuées.

M. l'abbé Croze, aumônier de la Roquette, accompagné de MM. Depontalier, Carré et Martin, vicaires à Belleville, s'est assuré, en interrogeant les habitants du quartier, que le cortége n'avait pas suivi la rue des Amandiers, mais le boulevard de la rue Ménilmontant, etc.

ITINÉRAIRE DES VICTIMES DU 26 MAI

Les victimes du 26 mai, au nombre de cinquante-deux, parmi lesquelles onze ecclésiastiques, sortirent de la Roquette suivant la rue du même nom jusqu'en face du cimetière du Père-Lachaise, puis elles continuèrent péniblement leur route par le boulevard et et la rue Ménilmontant, le boulevard Puébla et la rue des Rigolles, jusqu'à la mairie du XX⁰ arrondissement, en face de l'église.

Le sinistre cortége entra par la porte de derrière dans la mairie. Quant aux victimes, elles restèrent pendant une demi-heure exposées à la fureur d'une populace égarée qui poussait des cris de mort.

Ainsi Dieu voulut que sur les hauteurs de Paris la France entière pût voir les lamentables résultats que les calomnies et les funestes doctrines avaient produits parmi nous.

L'ERREUR poussait des cris de mort juste en face d'une ÉGLISE où se trouve une CHAIRE de vérité trop méconnue, d'où l'on proclame sans cesse la paix et l'union des cœurs. La Colonne de vérité s'élevait solidement en face d'une colonne mouvante d'erreurs funestes et de passions déchaînées!!! Cette colonne mouvante ne voulut pour victimes que des représentants et des défenseurs de l'ordre matériel et de l'ordre moral.

Enfin, on se remit en marche par la rue de Belleville, et le cortége arriva à la rue Haxo. C'est au n° 85, presque en face de la rue des Tourelles, que les victimes s'arrêtèrent pour entrer dans le secteur devenu le sommet de leur Calvaire. Le crime allait bientôt se consommer ; un horrible tombeau était déjà creusé dans le sol, à la manière dont on creuse les sous-sols modernes. C'est là que les prêtres allaient expier LEUR DÉLIT !

O mes chers compagnons de captivité, je vous avais vus quelques heures auparavant, je vous avais parlé ! Maintenant vous voilà sur les hauteurs de Paris ; vous le dominez du regard, vous le dominez surtout par la foi. Vous allez mourir !!! Mais votre foi ne mourra pas et votre sang innocent va faire jaillir sur nous des bénédictions...

Quittant la rue Haxo pour prendre la rue du Borrégo, on fait environ quatre-vingts pas et on trouve à sa droite le lieu de l'immolation, que j'ai visité avec un sentiment que je ne saurais définir, car il tient de la terre et du ciel !

Plusieurs de ces nobles victimes sont des martyrs de la Foi. Le tombeau de la rue Haxo m'apparaît entouré de palmes glorieuses.

Il me paraît utile de consigner ici la pièce suivante, me réservant de donner ensuite d'autres détails sur ces affreux massacres, si nous pouvons en recueillir de bien certains.

Extrait du rapport adressé à M. le Général DE LADMIRAULT (1) *le 2 juin 1871, par le M. l'abbé* ESCALLE, *aumônier militaire chargé du service religieux du 1er corps.*

Quand j'arrivai le lundi matin à Belleville, nos troupes procédaient au désarmement de ce quartier, encore très-agité. Nos propres soldats ne pouvaient me donner aucune information, et ce n'est qu'à grand'peine que les habitants, encore pleins de défiance et de colère, consentaient à parler. Je ne tardai pas cependant à acquérir la conviction que le massacre avait eu lieu rue Haxo, dans un emplacement appelé la cité Vincennes.

Je demandai au colonel de Vallette, commandant les volontaires de la Seine, quelques officiers de bonne volonté, et nous nous rendîmes

---

(1) *Gouverneur de Paris dont la sagesse et la fermeté sont appréciées de tous,* en ces temps difficiles.

sur le théâtre de ce nouvel attentat. MM. Lorras, chef au contentieux de la Compagnie d'Orléans, et le docteur Colombel, tous deux comptant de leurs parents au nombre des victimes, s'étaient joints à nous.

L'entrée de la cité Vincennes est au n° 85 de la rue Haxo ; on y pénètre en traversant un petit jardin potager ; vient ensuite une grande cour précédant un corps de logis de peu d'apparence, dans lequel les insurgés avaient établi un quartier général.

Au-delà et à gauche se trouve un second enclos, qu'on aménageait pour recevoir une salle de bal champêtre quand la guerre éclata. A quelques mètres en avant d'un des murs de clôture règne, en effet, jusqu'à hauteur d'appui, un soubassement destiné à recevoir les treillis qui devaient former la salle de bal. L'espace compris entre ce soubassement et le mur de clôture forme comme une large tranchée de 10 à 15 mètres de longueur. Un soupirail carré, donnant sur une cave, s'ouvre au milieu.

C'est le local que ces misérables avaient choisi pour l'assassinat ; c'est là que je retrouvai les corps des victimes et que je recueillis, en contrôlant les uns par les autres plusieurs témoignages, les renseignements suivants sur le crime du 26 mai.

Les prisonniers sortis de la Roquette étaient précédés de tambours et de clairons marquant bruyamment une marche, et entourés de gardes nationaux.

Ces fédérés appartenaient à divers bataillons : les plus nombreux faisaient partie d'un bataillon du XIe arrondissement et d'un bataillon du Ve. On remarquait surtout un grand nombre de bandits appartenant à ce qu'on appelait *les enfants perdus de Bergeret*, troupe sinistre parmi ces hommes sinistres. C'est elle qui, selon tous les témoignages, a pris la part la plus active à tout ce qui va se passer.

Ainsi accompagnés, les ôtages montaient parmi les huées et les injures de la foule. Quelques malheureuses femmes semblaient en proie à une exaltation extraordinaire et se faisaient remarquer par des insultes plus furieuses et plus acharnées. Un groupe de gardes de Paris marchait en tête des otages, puis venaient les prêtres, puis un second groupe de gardes. Arrivé au sommet de la rue de Paris, ce triste cortége sembla hésiter un instant, puis tourna à droite et pénétra dans la rue Haxo.

Cette rue (surtout les terrains vagues qui sont aux abords de la cité Vincennes) était remplie d'une grande foule manifestant les plus violentes et les plus haineuses passions. Les otages la traversaient avec calme, quelques-uns des prêtres le visage meurtri et sanglant. Victimes et assassins pénétrèrent dans l'enclos.

Un cavalier qui suivait fit caracoler un instant son cheval aux applaudissements de la foule, et entra à son tour en s'écriant : « Voilà une bonne capture, fusillez-les ! »

Avec lui, et lui serrant la main, entra un homme jeune encore, pâle, blond, élégamment vêtu. Ce misérable, qui paraissait être d'une éducation supérieure à ce qui l'entourait, exerçait une certaine autorité sur la foule. Comme le cavalier, il suivait les otages et, comme lui, il excitait la foule en s'écriant : « Oui, mes amis, courage, fusillez-les ! »

L'enclos était déjà occupé par les états-majors des diverses légions. Les cinquante otages et les bandits qui leur faisaient cortége achevèrent de le remplir. Très-peu de personnes faisant partie de la multitude massée aux alentours purent pénétrer à l'intérieur. En tout cas, aucun témoin ne veut m'avouer avoir vu ce qui s'est passé dans l'enclos.

Pendant sept à huit minutes on entendit du dehors des détonations sourdes, mêlées d'imprécations et de cris tumultueux. Il paraît certain que les victimes, une fois parquées dans la tranchée dont j'ai parlé plus haut, furent assassinées en masse à coups de revolvers par tous les misérables qui se trouvaient sur les lieux. On n'entendit que très-peu de coups de chassepots dans l'enclos.

Il y eut à la fin quelques détonations isolées, puis quelques instants de silence.

Un homme en blouse et en chapeau gris, portant un fusil en bandoulière, sortit alors du jardin. A sa vue, la foule applaudit avec transport. De jeunes femmes vinrent lui serrer la main et lui frapper amicalement sur l'épaule : « Bravo ! bien travaillé, mon ami ! »

Les corps des cinquante victimes furent jetés dans la cave ; les prêtres d'abord, puis les gardes de Paris.

C'est de là qu'avec beaucoup de peine, et avec toutes les précautions qu'exigeait la salubrité publique, nous avons retiré tous les cadavres. Malgré l'état de putréfaction avancée dans lequel nous les avons trouvés, il nous a été possible de reconnaître la plupart des prêtres. Quelques pauvres femmes de gardes de Paris, arrivées dans la soirée, reconnurent leurs maris.

Nous ramenâmes le même soir à Paris les corps du Père Olivaint, du Père de Bengy, du Père Caubert, tous trois Jésuites de la rue de Sèvres ; de M. l'abbé Planchat, directeur d'une maison d'orphelins à Charonne ; de M. Seigneret, jeune séminariste de Saint-Sulpice.

Les autres corps ont été mis dans des cercueils et inhumés chrétiennement, soit par des membres de leur famille, soit par les soins du clergé de Belleville.

En terminant, mon Général, permettez-moi d'exprimer ma très-vive reconnaissance pour le concours ému et pieux que m'ont offert tous les officiers et soldats avec lesquels ces tristes circonstances m'ont mis en relation. Je me permets aussi d'appeler votre attention sur le dévouement des militaires dont je joins les noms à ce rapport.

Veuillez, mon Général, agréer, l'hommage de mon profond respect..

A. Escalle,
Aumônier chargé du service militaire du 1er corps.

Paris, 2 juin 1871.

AUTRES DÉTAILS SUR CE MASSACRE

Au triste récit de M. l'abbé Escalle nous ajouterons certains détails qui nous ont été communiqués par des témoins oculaires.

Le plus ancien des prêtres de Picpus, appesanti par l'âge, tomba épuisé de fatigue, dans l'avenue de la Cité Vincennes, dès qu'il eut franchi la grille qui en fermait habituellement l'entrée. — Il fut foulé aux pieds par une fille de dix-huit ans, cantinière du 174e bataillon ; d'autres lui assénèrent des coups de poing.

Quelques pas plus loin, le Père de Bengy, de la Compagnie de Jésus, tomba sous les coups : le jeune Seigneret, séminariste de Saint-Sulpice, lui tendit aussitôt la main pour l'aider à se relever ; mais il reçut lui-même un violent coup de poing qui le rejeta contre le mur : « O ma chère famille », s'écria-t-il alors. Mais aussitôt, s'interrompant lui-même comme s'il se fût repenti d'avoir cédé à un sentiment trop naturel : « *Je désire, dit-il, qu'on ne fasse aucun mal à mes bourreaux.* »

Ces paroles touchantes furent distinctement entendues par un témoin oculaire, qui les a rapportées fidèlement.

Ce n'était plus un cortége, ce n'était plus une foule : c'était une cohue pleine de rage.

Cependant il y eut un moment où les cœurs semblèrent s'attendrir. Étonnés d'eux-mêmes et épouvantés de leurs actes coupables, ces hommes, dont les yeux étaient pleins de sang, s'arrêtèrent un instant comme pour se recueillir : la conscience poussait un dernier cri.

La cantinière de dix-huit ans s'en aperçut, et elle s'avança fièrement, le révolver à la main, menaçant tous ceux qui céderaient à un sentiment de pitié. Elle fut écoutée (1).

---

(1) Par un juste châtiment de Dieu, elle fut tuée le lendemain, et François a été condamné à mort par les conseils de guerre.

Au milieu des outrages et des coups, les victimes continuèrent leur marche jusqu'au terrain entouré de murs inachevés qui devait être leur tombeau. — Il nous serait difficile de dépeindre cette scène sanglante, où l'horreur le dispute à la confusion.

Les prêtres furent dépouillés de leur robe ecclésiastique et contraints de monter sur le mur le moins élevé. On les salua avec dérision ; on osa même leur dire : *Saluez-nous donc à votre tour !*

Parmi les gardes de Paris se trouvait un homme de haute stature qui disait souvent : « Qu'est-ce que nous avons fait pour que vous nous traitiez ainsi ? » Mais cet homme essayait en vain de plaider sa cause.

A la fin, les victimes furent disposées de dix en dix, près du mur faisant face à l'entrée : au fond, les gardes de Paris ; par devant, les prêtres, de telle sorte que ceux-ci fussent atteints les premiers.

La cantinière de dix-huit ans s'avança alors le révolver à la main, et tira à bout portant sur ce même vieillard, vénérable prêtre de Picpus, et ancien missionnaire chez les sauvages.

Ce fut le signal du massacre. Ma plume se refuse à le décrire.

Un terrain rouge de sang, cinquante-deux cadavres étendus sur le sol : voilà le lugubre tableau que la nuit du 26 mai 1871 couvrit de ses ténèbres (1).

Après quelques instants de silence, tous les corps furent l'un après l'autre précipités dans la fosse nouvellement construite qui se trouve précisément au point où aboutit le pied de la croix sur le plan de l'itinéraire (page 63.)

Le chemin parcouru par les victimes, de la Roquette à la rue Haxo, est d'environ quatre kilomètres.

Si quelqu'un de ceux qui rendirent le dernier soupir à côté des Prêtres avait eu des égarements à se reprocher, il put, avant d'expirer, entendre de la bouche d'un disciple de Jésus ces consolantes paroles : « Aujourd'hui même vous

---

(1) Nous avions recueilli ces détails aussitôt après les événements. Depuis lors les témoins sont devenus plus circonspects.

serez avec moi dans le Paradis : *Hodie mecum eris in Paradiso.* »

Adieu, chères et nobles victimes ! A travers les barreaux de fer de ma cellule, je vous voyais, avec les yeux de la foi, tenant la croix d'une main et la palme de l'autre.

Pour achever le récit de cette journée, je dois dire que, le même jour, François, directeur de la prison, ayant voulu sauver un otage que Raoul Rigault avait fait emprisonner à la Roquette pour une cause qui nous est inconnue, le conduisit au dehors pour le mettre en liberté.

Cet homme, appartenant à la secte des solidaires, était organisateur d'enterrements civils ; il ne voulait du prêtre ni auprès des mourants ni auprès des morts. — Déjà il se croyait assuré de sa délivrance lorsque des fédérés le tuèrent sous les yeux de son libérateur.

Ainsi mourut, dit-on, ce solidaire. Dieu ne permit pas qu'il fût compté au nombre des victimes innocentes de la rue Haxo.

Comme nous l'avons dit précédemment, en ce jour, 26 mai, périrent trente-huit gardes de

Paris, presque tous pères de famille, plusieurs autres victimes qui nous sont inconnues, et onze ou douze prêtes. Nous donnerons à la fin les noms de ces trente-huit gardes de Paris. Quant aux ecclésiastiques, voici les noms que nous avons pu recueillir (1) :

L'abbé SEIGNERET, élève du séminaire de Saint-Sulpice.

L'abbé SABATIER, vicaire de Notre-Dame-de-Lorette.

Le Père TUFFIER, supérieur des Picpussiens.

Le Père ROUCHOUSE, de la même Société.

Le Père RADIGUE, *id.*

Le Père FRÉZAL-TARDIEU, *id.*

L'abbé PLANCHAT, directeur d'un patronage à Charonne.

Le Père DE BENGY, de la Compagnie de Jésus.

Le Père CAUBERT, *id.*

Le Père OLIVAINT, *id.*

---

(1) On présume qu'il y avait aussi deux ou trois prêtres étrangers qui furent peut-être arrêtés, comme M. Seigneret, en réclamant un passe-port.

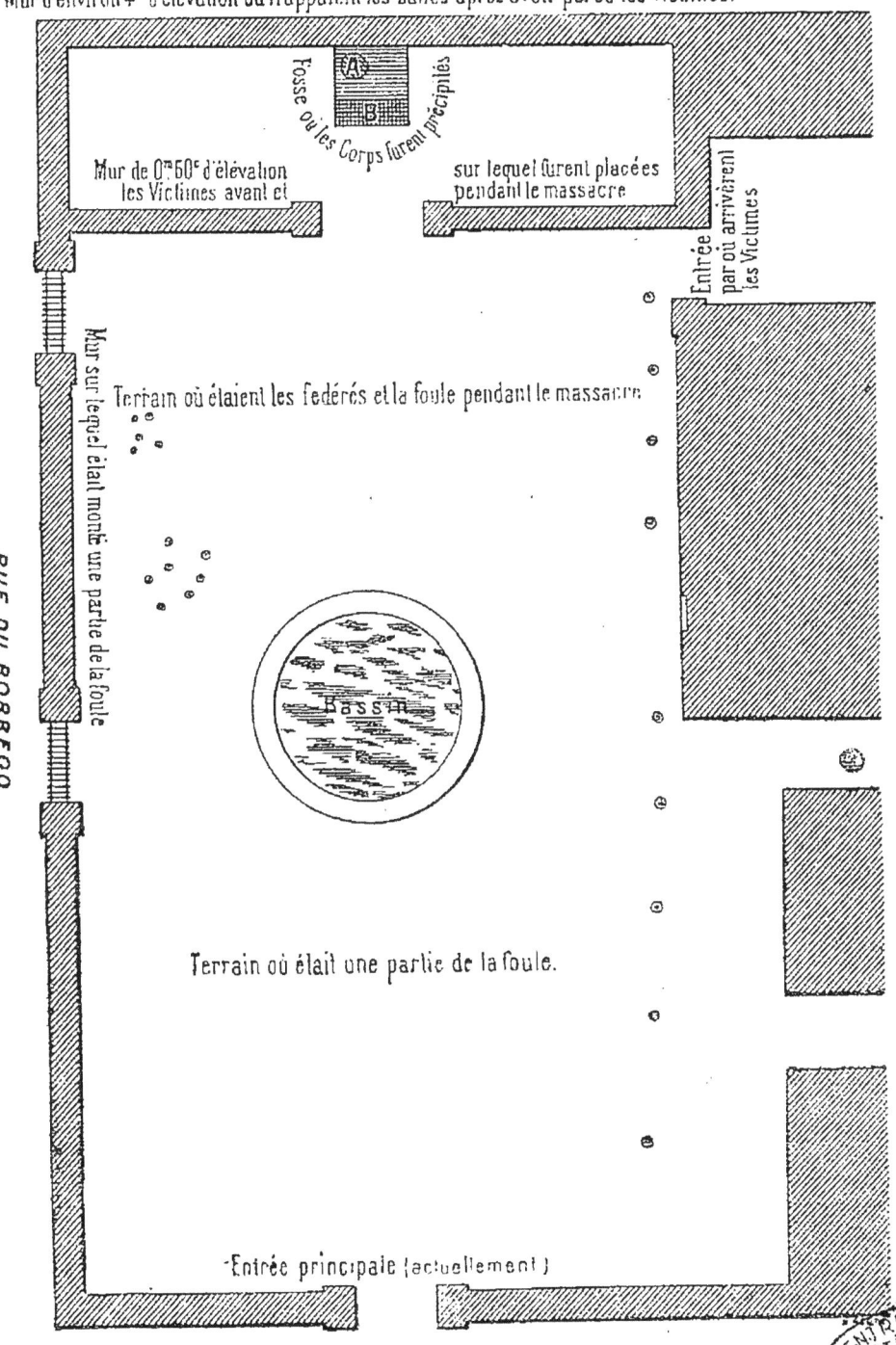

La veille, 25 mai, j'avais parlé en particulier aux trois Pères Jésuites, aux quatre Pères Picpussiens, à M. l'abbé Sabatier et à M. l'abbé Planchat. Tous étaient dans les meilleures dispositions qu'on puisse avoir quand on se prépare au martyre. Ils avaient la sainte eucharistie, et ils durent marcher au supplice comme les premiers chrétiens quand ils avaient mangé le *pain des forts*.

M. l'abbé Sabatier me parut calme, souriant et résigné ; M. l'abbé Planchat me parla de son patronage. Je vis, hélas ! qu'il s'occupait d'aumônes jusque dans la prison. Le supérieur des Picpussiens me rappela, en substance, les explications qu'avait publiées l'*Univers* au sujet des attaques dirigées contre sa communauté, et il les donna sans la moindre amertume.

Quant aux Pères de la Compagnie de Jésus, on me permettra de reproduire ici la lettre que j'ai écrite au T.-R. Père de Ponlevoy, Provincial de la Compagnie, et la réponse que j'en ai reçue.

Notre-Dame-des-Victoires, Paris, 3 juin 1871.

Mon très-révérend Père,

Je regrette vivement de n'avoir pu assister au service funèbre de vos bons Pères qui furent comme moi prisonniers à la Roquette.

Je les ai vus; je les ai admirés dans la prison.

Ils étaient tous calmes et souriants comme à l'aurore d'un beau jour.

J'ai pu converser pieusement pendant un quart d'heure avec le P. de Bengy, qui n'avait rien perdu de sa sérénité.

Le P. Olivaint surtout m'édifiait par son calme et sa résignation. A le voir, on eût dit qu'il prenait sa récréation dans une maison de la Compagnie.

Il était sans gêne, et une sorte de joie intérieure transfigurait tout l'ensemble de sa physionomie. Je m'approchai de lui, le 26 mai, pour lui présenter mon respect et lui dire que jusqu'au 17 mai, jour de mon arrestation, nous avions prié publiquement et solennellement, à Notre-Dame des Victoires, dans l'intérêt de tous les prêtres prisonniers. Il fut sensible à cette attention et en parut très-touché. Quelque temps après, il était avec Mgr Surat; je crus m'apercevoir qu'il le confessait tout en se promenant avec lui.

J'ai parlé à votre bon P. Caubert le même jour et à peu près dans le même sens. Hélas! je ne savais pas que le soir même, 26 mai, il ne serait plus de ce monde; mais nous nous attendions tous à mourir.

Dans la courte exhortation que M. le curé de Saint-Sulpice a bien voulu adresser aux fidèles, en présence des corps de vos glorieux défunts, il dit qu'il n'hésite pas à les considérer comme des martyrs mis à mort en haine de la foi.

Ma conscience me fait un devoir de confirmer ce témoignage par un fait qui m'est personnel et dont je garantis l'authenticité.

Le jour où l'on me transféra, en une voiture cellulaire, de la Conciergerie à Mazas, je fus interrogé au greffe. Le chef du bureau me demanda et écrivit devant trois autres employés mon nom, celui de mon père, celui de ma mère, celui de mon pays, et enfin il m'interrogea sur ma profession, que mon habit désignait suffisamment. Je répondis : « Prêtre, vicaire à Notre-Dame-des-Victoires — C'EST LE DÉLIT, ajouta-t-il. — Si c'est le délit, lui dis-je, écrivez bien tout; je suis Prêtre et vicaire à Notre-Dame des Victoires. » Puis, je m'approchai du registre, sans y être invité, pour m'assurer qu'on avait bien tenu compte de ma réclamation. Ils parurent surpris de mon indiscrétion, qui m'a permis de constater une surcharge, qu'on trouvera sur les registres de Mazas, s'ils existent encore. L'espace laissé en blanc sur le registre étant insuffisant, on écrivit au-dessus de la ligne (1).

Par ce fait, vous pourrez, mon très-révérend Père, juger du délit de vos chers et vénérés défunts.

Je prie le P. Bazin, seul survivant de tous les vôtres, de bien se souvenir qu'il a été prisonnier avec moi dans la troisième section, au troisième étage, particulièrement placé sous la protection de Notre-Dame des Victoires.

PAS UN SEUL DES QUATRE-VINGT DEUX SOLDATS QU'ON VOULAIT FUSILLER ET QUI SE TROUVAIENT DANS CETTE SECTION N'A ÉTÉ FRAPPÉ, PAS UN SEUL DES DIX PRÊTRES QU'ON Y AVAIT EMPRISONNÉS N'A ÉTÉ TOUCHÉ.

De toute la prison, c'est la seule section qui n'ait eu à déplorer aucune victime. Je publierai prochainement le récit exact et circonstancié de notre résistance et de notre délivrance. Les

---

(1) Témoignage cité par plusieurs évêques et par M. l'abbé Ad. Perraud dans l'*Oraison funèbre* de Mgr Darboy, prononcée à Notre-Dame le 18 juillet 1871.

noms des soldats et des prêtres y seront fidèlement rapportés. Je m'ocupe à les recueillir tous.

J'ai l'honneur d'être, mon très-révérend Père, votre très-humble et très-respectueux serviteur en Notre-Seigneur.

En réponse à cette lettre, le R. P. de Ponlevoy m'adressa la lettre suivante :

Monsieur l'Abbé,

Combien je suis touché et reconnaissant !
Précisément je recueille çà et là quelques souvenirs de nos frères, et vous avez été leur témoin.

Sans doute, si nous avons à féliciter ceux qui sont partis de la Roquette pour le Ciel, nous pouvons au moins, pour nous-mêmes, remercier Notre-Seigneur et nous féliciter pour les survivants sur cette pauvre terre.

Notre-Dame-des-Victoires a gardé son fidèle gardien.

Veuillez bien, Monsieur l'Abbé, agréer l'expression de mon humble et dévoué respect en Notre-Seigneur.

A. DE PONLEVOY, S. J.

Paris, 3 juin 1871.

IV

L'abbé Seigneret, élève de Saint-Sulpice. —
Ses beaux sentiments.

Au risque de ralentir la marche de ce récit, je donnerai quelques extraits fort édifiants de lettres du jeune séminariste Seigneret, fusillé à Belleville avec les autres ecclésiastiques.

Ce jeune homme, plein de foi et de courage, toujours le premier en avant, toujours bon, toujours généreux jusqu'à son dernier soupir, apparaîtra désormais dans l'histoire de l'Eglise comme une des gloires les plus pures du séminaire Saint-Sulpice (1).

(1) M. l'abbé Seigneret eut pour directeur M. l'abbé Bouet, qui a écrit sa biographie. (Éditeur Josse.)
M. l'abbé Sire fut emprisonné pendant huit jours;

Voici ce qu'il écrivait le 2 mai :

A M. L'ABBÉ SIRE, DIRECTEUR AU SÉMINAIRE SAINT-SULPICE.

« Je vous remercie bien du nouveau souvenir d'affection que vous venez de nous envoyer ; les témoignages de sympathie nous deviennent plus sensibles à mesure qu'ils sont plus rares ; d'ailleurs, soyez-en sûr, il n'est pas besoin de vos lettres pour nous faire croire au vif intérêt que

M. l'abbé Hogan autre professeur de M. Seigneret fut contraint de quitter Paris. La Commune avait tenté de l'emprisonner.

Le directeur du séminaire d'Issy, M. l'abbé Maréchal, fut constitué prisonnier dans la maison, etc. M. Icard, directeur du séminaire Saint-Sulpice, M. Roussel, économe, restèrent emprisonnés à la Santé pendant quarante jours. M. l'abbé Bacuez, directeur au même séminaire, était en prison à la Roquette et faisait partie de la troisième section. Ainsi le séminaire de Saint-Sulpice a payé largement sa part à la persécution religieuse. Ne fallait-il pas que les pères fussent frappés avec les enfants ?

vous nous portez et aux fréquentes visites que vous nous faites de cœur. Dans la prison, les affections gagnent en intensité de charme ce qu'elles perdent en multiplicité de rapports. Puis la cellule se peuple de tous ceux qu'on aime et qui pensent à vous ; on vit ainsi dans un charmant entourage de souvenirs et de vœux réciproques. Toutefois, nous serons encore bien plus heureux de vous voir en personne, si vous pouvez l'obtenir, comme vous semblez l'espérer, pour vous remercier de tous vos bons souvenirs et des efforts que vous faites pour nous venir en aide....

« Vous voyez, du reste, que nous ne sommes pas bien à plaindre. Il n'y a pour nous de *réelle* que la privation dont vous parlez, celle de la sainte messe ; celle-là nous est très-sensible ; mais nous l'offrons tous les matins à Dieu, lui demandant qu'en retour il nous accorde la grâce de ne jamais avoir le malheur d'abuser de cette céleste action.

« Nous expérimentons tous les jours l'incomparable bonheur du chrétien et du prêtre, auxquels Notre-Seigneur révèle les infinies douceurs de son amour.

« Je ne vous redirai pas toutes les joies que j'ai eues, depuis un mois, à fouiller en tout sens et à toute sorte de points de vue, le Nouveau Testament. Ce soir même, je viens de recevoir une Bible complète, et je ne puis vous dire le bonheur que je me promets de me lancer désormais à pleines voiles dans cette haute mer. »

. . . .

Parmi ceux auxquels le jeune séminariste fait allusion, il faut compter en première ligne M. l'abbé Hogan, expulsé de Paris par la Commune ; il faut compter ensuite M. l'abbé Amable, aumônier des Quinze-Vingts, qui, étant logé près de Mazas, a souvent servi d'intermédiaire, avec une femme intrépide et charitable, aux messieurs du séminaire Saint-Sulpice.

Voici comment, au nom de tous ses confrères, l'abbé Seigneret savait remercier M. l'abbé Amable :

« ..... Nous ne nous lassons pas plus dans notre reconnaissance que vous ne vous lassez dans votre charité. Vous nous envoyez des aliments qui feraient peur à des Prussiens. Nous sommes, j'en suis sûr, le scandale de la prison, tant vous nous gâtez, et nous ne pourrons jamais en sortir, tant vous nous y faites bien vivre!

« Chaque jour nous pensons au dérangement considérable que tous ces soins doivent apporter dans votre vie de famille, et nous en admirons davantage la délicatesse de vos procédés à notre égard. Enfin cela fait du bien, au milieu des tristesses que nous traversons, de rencontrer des gens de cœur !

« Veuillez croire, Monsieur, que jamais de notre vie, moi et mes chers confrères, nous n'oublierons ce que vous avez entrepris de faire pour des étrangers et des inconnus. » 17 mai.

Deux jours auparavant, il avait écrit à M. l'abbé Sire :

« Les témoignages de sympathie nous deviennent plus sensibles à mesure qu'ils sont plus rares. Soyez en sûr, il n'est pas besoin de vos lettres pour nous faire croire au vif intérêt que vous nous portez et aux fréquentes visites que vous nous faites de cœur. Il y a, Dieu merci, une invisible société des âmes, inaccessible à toute atteinte humaine, et qui permet aux absents de se comprendre sans se voir. On y puise une affection plus vraie parce qu'elle est plus désintéressée et une joie qui compense bien les distractions du monde.

« Vous pouvez être parfaitement tranquille sur notre compte : *ici, les jours se succèdent pour nous comme de vrais jours de fête, sans longueur ni tristesse. Cet événement providentiel est destiné à répandre sur toute notre vie une sérénité sans tache. Nous en remercions Dieu du plus profond de notre cœur. L'avenir, de quelque façon qu'il nous arrive, se présente pour nous sous les apparences les plus heureuses.*

« Je vis toute la journée plongé dans ma Bible, en présence de l'éternelle beauté, qui, Dieu merci, m'a ravi pour jamais !

« Je suis très-reconnaissant de l'offre que vous me faites d'écrire à ma famille ; je n'en vois pas de nécessité pressante. Dieu veuille donner à mes chers parents la confiance et la paix que je lui demande sans cesse! *La pensée de leur inquiétude est l'ombre inévitable de notre vie actuelle.*

« Je vous remercie également des envois que vous nous faites ; nous sommes tellement comblés de bonnes choses que nous n'avons ici de longtemps à ressentir aucun besoin.

« Adieu, mon cher monsieur Sire. Je chante le *Te Deum* tout le long du jour : vous voyez que je ne suis pas à plaindre. Hélas! pendant que je vis si tranquille, il y en a des milliers qui souffrent tant et de toute façon! »

Il écrivait, quelques jours plus tard, au même :

« Plus notre captivité se prolonge, plus nous sommes émus des témoignages d'amitié sans nombre que nous y recevons ; nous ne sortirons d'ici que le cœur plein du plus profond amour des hommes. Je vous avais dit pourtant que nous n'avons besoin de rien. Enfin, nous recevons tout cela comme gage de votre affection, qui, ne pouvant plus en personne nous rendre visite, pénètre jusqu'à nous sous la forme ingénieuse de mille douceurs.

« ..... Il m'est venu souvent à l'esprit, puisque vous trouvez le moyen de correspondre avec la province, d'écrire par vous à ma famille. Mais j'hésite toujours, placé entre l'ennui de dire des choses banales et la crainte de tomber dans des choses trop tendres. *Ah! si on n'avait pas ses parents, qu'on aurait peu d'attaches en ce monde!*

« Vous avez vu sans doute dans les journaux les discours furibonds prononcés à l'Hôtel-de-Ville après le renversement de la colonne Vendôme. Nos pauvres familles doivent être épouvantées! Ce sont elles qui sont à plaindre, et non pas nous. *Pour nous, la Commune, sans qu'elle s'en doute, nous a fait tressaillir d'espérance avec ses menaces. Serait-il donc possible qu'au début seulement de notre vie, Dieu nous tînt quittes du reste, et que nous fussions jugés dignes de lui rendre ce témoignage du sang, plus fécond que l'emploi de mille vies? Heureux le jour où nous verrons ces choses, si jamais elles nous arrivent! Je n'y puis penser sans larmes dans les yeux!*

« Adieu, cher monsieur Sire; *ne vous inquiétez pas sur notre compte. Nous vivons toujours, et de plus en plus en fête.* Que Dieu vous rende au centuple, à vous et à tous ceux qui nous ont aimés, tout le bien que vous nous avez fait dans notre captivité ! (18 mai.) »

Le 23, deux jours avant sa mort, il écrivait encore, de la Roquette, ces lignes d'une étonnante sérénité :

« *Nous sommes ici dans la prison des condamnés ; j'en bénis Dieu de toute mon âme. Tout me réussit à souhait : j'avais si souvent demandé que, s'il devait arriver malheur à quelqu'un, ce fût à moi ! Il me semble déjà voir l'accomplissement de mon désir. Vous dire la fête où je suis serait chose difficile ; je récite le* Te Deum *du matin au soir !* »

Quelle fraîcheur de pensées ! quels nobles et religieux sentiments ! Qu'il est beau d'entendre la voix de ce jeune élève du sanctuaire, qui chante aux approches du martyre comme on chante à l'aurore d'une fête !

Le jeudi 25 mai, le Père de Bengy disait à M. l'abbé Delmas : « J'ai déjà fait mon *acceptation indifférente* : comme saint Martin, j'ai dit à Dieu : Voulez-vous que je vienne à vous ? me voici ! Différez-vous cette heure ? *non recuso laborem*, je ne refuse pas le travail. » J'ai là toute une théorie, disait-il avec un sourire qui illuminait sa belle figure. Dieu aime qu'on lui donne avec un cœur joyeux : et, comme il n'y a pas de don plus considérable que celui de la vie, il faut le rendre parfait en le faisant avec joie. » Rien de plus beau dans la vie des martyrs.

Nous aurions trop à dire si nous voulions relever tous les souvenirs édifiants qu'ont laissés les victimes. Quand nous sortîmes de prison, nous trouvâmes des mères de famille que M. l'abbé Planchat avait l'habitude de secourir ; elles fondirent en larmes dès qu'elles apprirent qu'on avait mis à mort celui qui leur donnait du pain.

Reprenons notre récit.

On sait que les victimes périrent sous les coups d'une barbarie qui ne se couvrait pas même d'une apparence de jugement. « Venez, et soyez fusillés. » Voilà tout le procès. Le nom était inscrit sur une liste, et cette inscription dispensait de toute formalité.

Qu'on se figure des hommes enfermés solitairement dans un cachot et voyant successivement passer devant leurs yeux des compagnons de captivité conduits à la mort sans jugement, et on comprendra ce que devait être la Roquette pendant ces tristes jours qui s'écoulèrent de l'Ascension à la Pentecôte, en l'année 1871.

Quel spectacle, grand Dieu ! Les Tuileries brûlaient, le Louvre brûlait, le Conseil d'État brûlait, l'Hôtel de ville brûlait, le Palais de justice brûlait, le Grenier d'abondance brûlait, des centaines de maisons brûlaient; la flamme, s'élevant dans les airs, projetait sur les murs de la prison et jusque dans l'intérieur des cellules une lueur sinistre qui aurait représenté au Dante les désespoirs de l'enfer. Bruits du canon et du fusil, écroulement et craquement des édifices qui tombent, soupirs étouffés de ceux qui voyaient la mort derrière un verrou qu'on allait tirer ou un nom qu'on allait prononcer : rien ne manquait à cette scène lugubre.

Et pourtant un sourire passait souvent sur les lèvres des prisonniers, souvent on voyait leur front redevenir serein, quand le prêtre avait dit : « Courage, mes enfants, le Ciel est au bout ; le règne des méchants ne durera pas toujours. »

Combien je plains l'homme qui n'a pas la foi ! mais combien j'admire celui qui, au milieu de ces horribles tragédies de la terre ensanglantée et calcinée, jette un regard assuré vers le Ciel pour y voir la paix et le bonheur qui ne finiront jamais !

Pardonnez-moi, cher lecteur, d'interrompre le récit de la prison pour vous dire les sentiments que je trouve au fond de mon cœur. Tous les hommes qui nous persécutent ne sont pas méchants et barbares. J'ai vu plusieurs de ceux qui me firent prisonnier revenir à de meilleurs sentiments quand je pouvais leur parler de Dieu ; il en est avec qui je partageais le pain qui m'était apporté pendant mon emprisonnement à Notre-Dame des Victoires ; je mangeais avec eux ; je parlais quelquefois avec eux, et je pus leur dire : « Mes enfants. » Leurs yeux se mouillèrent de larmes. Un jour de plus, avec la liberté de leur parler de Dieu, et j'en eusse fait de bons chrétiens; les armes seraient peut-être tombées de leurs mains. On avait vicié leur esprit par d'exécrables doctrines. Malheur à l'homme qui propage l'erreur et arrache des cœurs les racines de la foi ! C'est celui-là qui est le vrai coupable.

Oui, sous l'empire de la baïonnette qui me gardait et sous le regard d'un homme qui menaçait de me donner la mort, j'ai découvert l'homme de bien qu'on avait perdu par de mauvaises doctrines !

Quand l'apôtre saint Paul parut dans Athènes et devant l'Aréopage, il trouva un peuple et des savants qui croyaient aux peines et aux récompenses de la vie future. Ce n'était pas assez. Denys l'Aréopagite écouta attentivement l'apôtre; il crut à la résurrection des corps et à toutes les vérités de la foi chrétienne. Plus tard il vint prêcher aux Parisiens ces mêmes vérités. Pourquoi, hélas ! le peuple de Paris n'a-t-il pas mieux conservé ces croyances qui furent la gloire et le bonheur de nos ancêtres? Si cette foi robuste de nos pères a péri pour beaucoup d'âmes, à qui la faute?

Y a-t-il au monde une seule nation civilisée qui ait autorisé, comme la France, le travail du dimanche, et supprimé par là même l'instruction religieuse et morale des classes laborieuses?

Spectacle désolant! Toutes les nations de l'Europe, tous les peuples de l'Amérique, observent religieusement le repos du dimanche. Les mahométans mêmes reconnaissent la loi primordiale du septième jour, et nous avons vu dans Paris, pendant de longues années, nos chantiers, nos magasins, s'ouvrir le dimanche comme les autres jours. Combien d'édifices publics ont été construits ou embellis le dimanche! Et dans nos campagnes, combien de cultivateurs qui travaillent aussi le dimanche? Dans cet ordre de choses, l'ouvrier catholique n'a plus la liberté de pratiquer sa religion : toute morale disparaît.

Que les sages se recueillent et qu'ils délibèrent!

Sans la loi religieuse et sociale du dimanche, la France ne se relèvera pas de ses ruines. Mais, avec l'observation du dimanche, elle ne tarderait pas d'étonner le monde par la rapidité de sa résurrection. Cinquante mille prêtres, des milliers de frères et de religieuses, auxquels il faut ajouter quelques milliers d'instituteurs chrétiens, sont l'armée de réserve que possède la France. Cette armée morale est debout, elle demande à combattre le désordre et à préparer à l'armée française de vigoureuses recrues ; mais le champ de bataille lui manque, si le repos du dimanche n'est pas gardé.

Qu'arriverait-il si au travail abrutissant du dimanche qui supprime de fait l'Ecole de Dieu, venait s'adjoindre la suppression des écoles où se donne l'enseignement chrétien ?

Hélas ! il ne resterait plus à notre malheureuse patrie qu'à s'envelopper dans un manteau de deuil.

Mais nous ne descendrons pas dans cet abîme de folie qui provoquerait le rire de l'étranger.

V

27 mai, l'heure du massacre général. — Consécration à la Sainte-Vierge, barricades de la troisième section. — Quatorze heures de défense. — Délivrance.

Cependant les massacres du 24 mai s'étaient accomplis. On avait cherché en vain à nous cacher ceux du 26 ; le bruit s'en était répandu avec certitude dans toute la prison. On priait et on attendait.

Plusieurs prêtres de la troisième section, qui avaient pu se voir un instant le 27 mai, veille de la Pentecôte, récitaient pieusement quelques prières. On avait même distribué dans la prison la prière pour la France, bien connue de tous les fidèles qui fréquentent l'église de Notre-Dame des Victoires (1). On se disait : « Nous sommes au temps où les premiers fidèles priaient avec Marie, mère de Jésus. » — « Prions comme eux, » disaient les prêtres.

Ce mot fut compris. Tous ceux qui habitaient la troisième section prièrent avec ferveur, se

---

(1) PRIÈRE POUR LA FRANCE.

> La FRANCE ne périra pas, parce qu'elle est consacrée à MARIE.

MON DIEU, par le Cœur adorable de Jésus, par le Cœur immaculé de MARIE, par le Cœur très-pur de SAINT JOSEPH, soyez connu et aimé de tous les hommes, pardonnez-nous tous nos égarements, surtout LA VIOLATION DU DIMANCHE ET LE BLASPHÈME, SAUVEZ LA FRANCE et faites que nous restions toujours les enfants dévoués du Pontife de Rome, légitime successeur de Pierre, chef visible et infaillible de votre sainte Eglise. Ainsi soit-il.

Pour ma part seulement j'avais distribué cent-cinquante mille de ces prières, dans l'église de Notre-Dame-des-Victoires.

Pendant la Commune, cette même prière fut récitée publiquement du haut de la chaire jusqu'au 14 mai.

M. l'abbé Millault, Curé de Saint-Roch, en fit un jour le sujet de tout un discours.

recommandant particulièrement à Notre-Dame des Victoires, et lui demandant avec instance d'accorder à Paris, à la France, à eux-mêmes et à tous ceux qui se trouvaient enfermés dans la même section, une marque éclatante et visible de sa protection.

Voici une des prières qui furent faites ce jour-là même 27 mai, à trois heures de l'après-midi :

« Vierge sainte, votre Sanctuaire, si connu du monde entier, est profané ; les prêtres, qui vous honorent et vous aiment, sont emprisonnés ou massacrés ; sans vous, nous allons tous périr ; il nous faut un miracle de votre cœur ; il le faut, il le faut ; vous nous l'accorderez. O Notre-Dame des Victoires, après tant de désastres vous nous accorderez du moins cette dernière victoire. »

Il était alors près de trois heures. Chacun priait dans sa cellule, chacun se sentait encouragé. On eût dit qu'une force mystérieuse passait en ce lieu comme un souffle divin. M. l'abbé Bacuez, récitant l'office de la Pentecôte, lisait avec délices certaines paroles du Psaume 67^e

qu'il envisageait comme une prophétie. Plusieurs autres prêtres eurent la même pensée :

« Que le Seigneur se lève ; que ses ennemis
« soient dispersés, et que ceux qui le haïssent
« s'enfuient à sa présence !

« Comme la fumée s'évanouit, que les impies
« s'évanouissent également ; comme la cire se
« fond à la présence du feu, que les pécheurs
« périssent à la présence du Seigneur.

« Que les justes, au contraire, soient rassasiés
« et comblés de joie en présence du Seigneur !
« qu'ils fassent éclater des transports d'allé-
« gresse !

« C'est le Seigneur qui fait habiter les hommes
« *de même sentiment dans une même maison.*
« C'est lui qui brise avec puissance les liens de
« ceux qui étaient enchaînés et qui délivre même
« les rebelles des lieux arides où ils étaient con-
« finés comme dans des tombeaux....

« *Deus noster, Deus salvos faciendi, et Domini*
« *Domini exitus mortis.* »

Telles sont les paroles du Psaume 67ᵉ qui avaient particulièrement attiré l'attention de

M. Bacuez et de plusieurs autres prêtres. Il faut convenir qu'elles s'appliquaient bien à notre situation.

Le Bréviaire fut notre bonheur dans la prison ; je trouvai tout ce qu'il fallait à mon cœur et à mon âme dans ce livre bien-aimé. La lecture de tout autre livre me paraissait vaine et inutile. O mon cher Bréviaire, voilà bien des années que je vous aime ; vous m'avez accompagné partout, et partout j'ai trouvé en vous les délices de mon âme ! Mais, en prison et en face de la mort, vous étiez pour moi Dieu me disant par la bouche de son Église comment il fallait prier.

Environ vers la même heure (3 h. 1/2) un gardien nommé Pinet monte par le petit escalier de l'Est ; il entre dans sa cellule ; il paraît inquiet et agité ; trois ou quatre jeunes soldats, qui l'ont vu, croient avoir aperçu de petites bombes Orsini dans une cellule de gardien, puis il leur semble qu'on les a emportées ; ils s'approchent ; ils pressent Pinet de questions et ils obtiennent de lui cette réponse : « Mes amis, tenez-vous « sur vos gardes, on veut vous fusiller tous. » — En disant ces mots, il tremblait. A la fin, il descendit par le même escalier, pour remonter bientôt après, quand déjà les barricades étaient faites.

Une grande agitation régnait dans toute la prison.

Tout à coup le sergent-major Teyssier, des tirailleurs algériens, arrêté par la Commune le 5 avril et détenu comme otage, monte du second étage à la troisième section.

Les gardiens avaient l'habitude de nous enfermer chaque jour, dans nos cellules, en poussant un énorme verrou. Heureusement pour nous, depuis deux jours ils ne prenaient plus la précaution de fermer à clé ces verroux. Le sergent-major s'en était aperçu ; il se tenait au guet ; puis, au moment où le gardien venait fermer les cellules des prisonniers, il se cachait dans un tonneau, qu'on avait coutume de remplir d'eau et de laisser dans le lavoir, dont la porte n'était pas fermée. Quand le gardien partait, fermant exactement les énormes grilles du couloir, le rusé soldat sortait doucement de sa cachette, souvent trop humide, et il allait ouvrir la porte à ses camarades, qui, dès lors, se tenaient en garde comme lui, pour n'être pas surpris par un appel suivi de mort.

Ce jour-là, samedi 27 mai, vers trois heures et demie du soir, l'ordre fut donné de faire descendre tous les prisonniers du second et du troisième étages pour les fusiller. Vingt à vingt-cinq minutes s'écoulèrent avant que cet ordre pût parvenir à la connaissance des victimes. Les Vengeurs de Flourens, les mêmes qui, la veille de l'Ascension, à quatre heures, avaient cerné l'église de Notre-Dame-des-Victoires, étaient au Greffe à la même heure, la veille de la Pentecôte, réclamant tous les otages avec une extrême impatience (1).

Bientôt un des prisonniers du deuxième étage, Laurent Soissong, qui, la veille, avait eu avec un prêtre un entretien intime et religieux, se glisse doucement le long de l'escalier (2) ; un peu avant quatre heures, il arrive à la cellule du prêtre qu'il connaissait et lui dit : « Mon père, vous

(1) Voir p. 198, etc.
(2) Quand Laurent Soissong montait, quatre ou cinq jeunes soldats otages commençaient à descendre par le grand escalier E; encore une minute et ils étaient perdus. On les rappela, et c'est alors que toutes les cellules des prêtres furent ouvertes et que les barricades furent construites. (Voir à ce sujet la lettre d'Arnoux, p. 179.)

vous rappelez ce que je vous ai dit hier; si vous le voulez, c'est le moment; vous n'avez qu'un mot à dire, vous et vos confrères, ces quatre-vingt-deux jeunes soldats vous écouteront. Dites oui, et nous sommes sauvés. »

Avant lui le caporal Arnoux, du 9ᵉ de ligne, était accouru au guichet de ce même prêtre ; les lèvres du jeune caporal étaient pâles : « Adieu, mon père, dit-il, on nous appelle tous pour nous fusiller : donnez-moi votre bénédiction et une dernière absolution. (1)

— Vous fusiller! dit le prêtre; non, mes enfants, on ne vous fusillera pas : Dieu nous sauvera. Ouvrez à tous les prêtres et à tout le monde! »

Cela dit, toutes les cellules des prêtres et des autres otages furent ouvertes.

Au même instant, comme si ces quatre-vingt deux jeunes soldats, les dix prêtres et les trois otages civils qui se trouvaient dans la troisième section, n'eussent eu qu'une seule tête et une

---

(1) Voir p. 179 lettre d'Arnoux, qui explique parfaitement de quelle manière a commencé la défense.

seule volonté, un même cri fut poussé de toutes parts :

« Ne descendons pas, barricadons-nous, défendons-nous ! »

En moins de cinq minutes le lit de camp est brisé; paillasses, matelas et chevalets de lits sont jetés aux deux extrémités du couloir; des sentinelles y sont établies; des planches de lits sont fendues; on se fait des épées de bois, car il n'y a point d'armes.

Un capitaine des fédérés se montre dans la cour avec des forçats munis de chassepots; ils nous menacent; nous appréhendons les bombes de picrate, l'incendie. C'est la mort imminente en perspective. Le brave Pinet a pu rentrer; il est des nôtres (1).

---

(1) Nous étions déjà barricadés quand Pinet vint frapper et crier pendant dix minutes environ à la porte du petit escalier E, demandant qu'on la lui ouvrît. Pour lui donner entrée il fallut, sur mon invitation, enlever une partie de la barricade. (Voir le plan p. 104.)

Je crois devoir rapporter cet incident afin de rétablir l'exactitude des faits, qui a été altérée involontairement par d'autres narrateurs.

Les prêtres s'étaient mutuellement donné l'absolution ; plusieurs de ces braves militaires s'étaient confessés en particulier, mais quelques-uns ne l'avaient pas fait encore ; alors un prêtre s'avance vers un groupe de la barricade, au milieu du corridor :

« Mes enfants, dit-il, l'heure est solennelle, soyez prêts à paraître devant Dieu ; s'il faut mourir, nous mourrons ensemble, mais il faut mourir en chrétiens : rappelez-vous vos familles, rappelez-vous votre première communion. Le temps presse ; demandez pardon à Dieu de toutes les fautes de votre vie ; faites un signe de croix, je vais vous bénir au nom de Dieu et vous donner l'absolution. »

Tous, excepté un seul, ôtèrent leurs képis, firent le signe de la croix et s'inclinèrent respectueusement.

Alors une seule voix s'éleva, et on entendit ces mots :

« Moi je suis franc-maçon, et je propose, en cette qualité, d'aller parlementer, car on pourrait faire sauter la maison. »

— 99 —

Cette voix discordante fut couverte et étouffée par toutes les autres. On lui répondit :

« Nous aimons mieux sauter avec la maison et mourir en soldats que d'être assassinés. Nous nous défendrons tous jusqu'à la mort !

« Oui, oui, oui, nous nous défendrons jusqu'à la mort ! » Tel fut le cri qui retentit dans toute la prison.

O moment solennel ! Ceux qui n'ont pas été présents à ce spectacle ne pourront jamais s'en faire une idée. Tous les prisonniers étaient électrisés par le sentiment religieux uni à la bravoure. On eût dit que le miracle demandé à Notre-Dame-des-Victoires venait de s'accomplir. Le changement des cœurs fut complet !

Les membres de la Commune, abandonnant la place, commençaient à se retirer sur Belleville. Mais plusieurs prêtres ne faisant pas partie de la troisième section, attirés par eux dans un piége infâme, devaient bientôt y trouver la mort.

Restait à se mettre en communication avec

— 100 —

second étage, où se trouvaient quarante-six sergents de ville et dix artilleurs.

Soudain les briques du corridor sont enlevées et on s'en fait des projectiles, les plâtres sont repoussés et une large ouverture est pratiquée dans le plafond. Les sergents de ville et les artilleurs, appréhendant une attaque, font le cercle au-dessous de cette ouverture. Bientôt ils se trouvent rassurés en entendant Soissong, l'un de leurs camarades, qui leur crie :

« Amis, ne craignez rien, c'est pour nous mettre en communication avec vous. »

Des battements de mains et des cris de joie lui répondirent.

Les prêtres accourent. L'un d'eux, appelant tous les sergents de ville et les artilleurs, leur dit à haute voix :

« Mes enfants, nous venons de faire un serment solennel et un acte de religion, vous êtes chrétiens comme vos camarades de la troisième section ; rappelez-vous comme eux vos familles et votre première communion ; demandez pardon à Dieu de toutes les fautes de votre vie, et soyez prêts à mourir en vous défendant. Nous sommes ici dix prêtres, nous allons tous vous bénir, et je vous donnerai ensuite l'absolution. »

A ce moment la voix du zouave Duponchel s'éleva, disant :

« Silence ! et chapeau bas ! »

Les dix prêtres étendirent la main, tandis que tous les défenseurs du second étage se tenaient rangés en cercle et en silence. L'un des prêtres prononça solennellement ces paroles :

« *Benedicat vos omnipotens Deus, Pater et Filius et Spiritus Sanctus. Amen.* »

Ensuite les paroles de l'absolution furent prononcées au milieu du silence le plus solennel. Des larmes abondantes coulaient de tous les yeux. Tous se tenaient inclinés profondément, ou à genoux. Puis ils se relevèrent, faisant tous ensemble un signe de croix solennel et jurant de mourir tous jusqu'au dernier plutôt que de se rendre.

« Je vous recommande, ajouta le prêtre, d'invoquer Notre-Dame des Victoires, comme nous l'avons fait nous-mêmes, et vous serez sauvés (1). »

(1) *Lettre de M. l'abbé* Carré, *captif de la Roquette, vicaire de Belleville, à M.* Amodru.

« Paris, le 8 juin 1871.

« Cher et vénéré Confrère,

« Dans le récit des longues douleurs de notre capti-
« vité, n'oubliez pas, je vous prie, de signaler le mo-
« ment qui m'a paru le plus solennel et qui n'a échappé
« à aucun de nos compagnons d'infortune : c'est celui,
« où, par vos soins et les miens, une trouée venait d'ê-
« tre pratiquée au plafond qui nous séparait de l'étage
« inférieur et de cinquante et un prisonniers, otages
« comme nous.

« Je crois vous apercevoir encore commençant vous-
« même, avec un trépied de fer et par un mouvement

Que se passait-il au dehors ? On priait beaucoup pour nous et le sang des martyrs était monté jusqu'au cœur de Dieu. Nous sentîmes alors comme un flot invisible qui nous soulevait tous et nous emportait sur un rivage inconnu où brillait un rayon d'espérance, *Spes nostra, salve!*

Le gardien Pinet dit d'une voix forte et vibrante : « Mes amis, s'il le faut, nous mourrons tous jusqu'au dernier et nous ne nous rendrons jamais ; nous mettrons nos prêtres au milieu de

« tout sacerdotal, inspiré de Dieu, l'ouverture qui de-
« vait nous mettre en communication avec les autres
« victimes, pour leur conférer la grâce de leur réconci-
« liation. « L'œuvre à peine achevée, nous voyons tous
« les captifs qui demandent des hommes, car nous
« étions les plus nombreux dans notre section. Alors,
« vous leur adressâtes cette suprême parole : « Mes
« amis, etc. (V. p. 98). . . . .
« . . . .
« . . . . . . Votre voix est entendue ; tous se décou-
« vrent, s'inclinent ou tombent à genoux ; et sur ces
fronts religieusement inclinés descendirent, avec le par-
« don de Dieu, les grâces merveilleuses du Sacrement.

nous, nous leur ferons un rempart de nos corps. »
Puis, s'adressant aux prêtres, il leur dit : « Quant à vous, messieurs, nous ne vous demandons qu'une chose : continuez à prier pour nous. »

Quelques instants après, l'un des défenseurs du second étage se fait hisser à la troisième section par la brèche pratiquée au plafond.

« Les dix prêtres étendirent la main tous ensemble et ré-
« pandirent leurs bénédictions sur ces infortunés expo-
« sés à mourir cruellement. A ce moment, tous me pa-
« rurent transformés. Ils se relevèrent, et Pinet leur cria :
« Jurons maintenant de mourir pour Dieu et pour la
« patrie. Nos prêtres viennent de nous bénir ; gardons-
« les au milieu de nous et faisons-leur un rempart de
« nos corps. Demandons-leur seulement de prier pour
« nous. » Alors, on donne à chacun un poste, et la dé-
« fense s'organise. On sait le reste. Nous étions sau-
« vés.

« Voilà, mon cher ami, ce qui m'a frappé, au point de
« vue religieux. J'admire comment Dieu ménage ses fa-
« veurs dans les heures les plus solennelles de la vie, et
« aussi comment la foi double nos forces et nous inspire
« de grandes choses.

« Agréez, etc.

« L'abbé CARRÉ, *Vicaire à Bellevile*,

« Captif de la Roquette. »

« Où est, dit-il, le prêtre qui nous a bénis et pardonnés ? »

Il l'aperçoit et se jette à son cou en pleurant.

« Si vous saviez, lui dit-il, ce que vous avez fait de nous ! nous pleurions tous, vous nous avez transformés, vous nous avez rendus invincibles. — Mon ami, lui dit ce prêtre, il y a ici dix prêtres qui vous ont tous bénis. Soyez tranquille, Dieu est avec nous ! »

M. Walbert, otage civil, témoin faisant partie de notre troisième division, m'écrivait sept jours après (1) :

« Monsieur l'Abbé,

« Voilà deux jours que je suis à votre recherche sans pouvoir vous trouver. En attendant le plaisir de vous voir, je veux du moins visiter

(1) Voir une 2ᵉ lettre de M. Walbert, p. 182.

PLAN DE LA TROISIÈME SECTION, AU TROISIÈME ÉTAGE.
COTÉ DE LA COUR INTÉRIEURE.

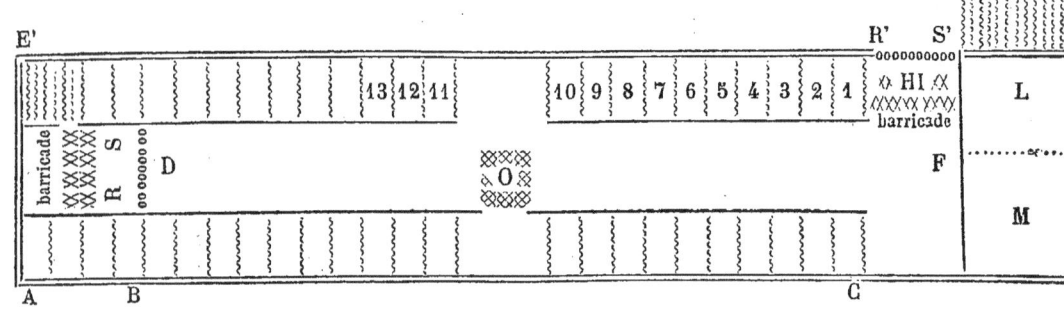

AB. Quatre cellules de gardien.
BC. Cellules réservées aux jeunes soldats otages.
DF. Couloir de la troisième section.
HI. Barricade qu'on essaya d'incendier.
O. Ouverture du troisième au deuxième étage où fut donnée la bénédiction de dix prêtres.

L. Lit de camp brisé et enlevé en cinq minutes.
M. Chambrée de vingt-cinq militaires.
R'S'. Grille de fer en arrière de la barricade.
E. Grand escalier.
E'. Petit escalier.

Noms des dix Prêtres et des trois otages civils, avec les numéros de leurs cellules.

1. Le Père Bazin, prêtre Jésuite.
2. M. Juge, prêtre.
3. M. Guillon, prêtre.
4. M. Géraux, civil.
5. M. Eugène Crépin, civil.
6. M. Walbert, civil.
7. M. Guébels, prêtre.
8. M. Bacuez, prêtre.
9. M. Amodru, prêtre.
10. M. Lamazou, prêtre.
11. M. Delmas, prêtre.
12. M. Depontalier, prêtre.
13. M. Carré, prêtre.

TOUS CEUX QUI ÉTAINT DANS CETTE SECTION, SPÉCIALEMENT CONSACRÉE A NOTRE-DAME DES VICTOIRES, FURENT SAUVÉS. PAS UN SEUL N'EST MORT ! C'est la faveur qui avait été spécialement demandée à la sainte Vierge. Dans toutes les autres sections il y eut de nombreuses victimes.

Notre-Dame des Victoires, à laquelle vous nous avez tous recommandés.—Cher monsieur l'Abbé, que nous aimons tous comme un père, je ne vous oublierai jamais.—Dussé-je vivre mille ans sur la terre, non, je n'oublierai jamais ce moment solennel où votre main se levait pour nous bénir au nom du Dieu tout-puissant.—Il me semble encore entendre ces paroles que vous prononciez sur nous au moment où notre prison nous apparaissait comme un vaisseau qui va s'engloutir. Il était quatre heures précises quand nous allions tous périr, et à quatre heures et quart l'espérance revenait dans nos cœurs.

« Merci ! merci, merci, Monsieur et cher Abbé, merci particulièrement à Notre-dame-des-Victoires, merci à tous mes chers compagnons d'infortune et à toute la brave armée qui s'est montrée dans nos murs de la prison à l'aurore de la Pentecôte.

« Recevez, je vous prie, Monsieur l'Abbé, les témoignages de reconnaissance avec lesquels j'ai l'honneur d'être votre très-humble serviteur,

« WALBERT, *quai Conti, 3, et 75, rue de Rennes, Paris.* »

La joie rayonnait sur tous les fronts : on eût dit que l'Esprit consolateur s'était emparé de toutes les âmes. Il était environ quatre heures et demie. Mais nous ne savions pas qu'en ce moment les fédérés amenaient devant l'entrée de la prison deux pièces de canon et un obusier. Dieu ne permit pas qu'ils en fissent usage contre nous, bien qu'ils eussent arrêté de *nettoyer tous les otages à la dernière heure*.

Bientôt arrivèrent dans la cour tous les condamnés reconnus coupables devant les tribunaux réguliers ; quelques-uns étaient armés de fusils, que venaient de leur confier les fédérés. Ils criaient tous : *Vive la Commune* ! A ce cri nous répondîmes : *Vive la France !* Un bandit, condamné à mort par la justice, et bien reconnu par les sergents de ville, monta vers notre barricade du grand escalier; il était armé d'un fusil, et prêt à faire feu, quand il jugea prudent de se retirer. Toutefois il remonta, entr'ouvrit la porte de la grille, tenta vainement de défaire la barricade et se contenta d'y mettre le feu.

Les vivres manquaient : nos jeunes soldats n'en avaient pas reçu depuis la veille. Le peu d'eau qu'on avait était absolument nécessaire pour tempérer la soif ; on ne voulait la dépenser qu'avec une rigoureuse parcimonie, car on ne savait pas si les troupes de Versailles arriveraient à temps pour nous secourir. Alors, nos jeunes soldats, qui ne se déconcertaient jamais, coururent au *baquet* de notre section, et en usèrent pour éteindre le feu. Ce moyen réussit à moitié, car, le lendemain matin, quatorze heures après, la fumée sortait encore des matelas et pénétrait dans tout le corridor. Quant au forçat qui criait *Vive la Commune*, il disparut à l'aspect des briques qui allaient lui fendre la tête, et les chefs de la Commune résolurent de se retirer à Belleville, ou de s'enfuir. On trouvera vers la fin de ce volume, de la page 168 à la page 217, d'autres détails très-intéressants sur la journée du 27 mai.

Comme trait caractéristique, nous signalons ce qui nous a été rapporté par nos jeunes soldats: ils virent dans une corbeille un grand nombre de *chignons*, qu'un employé portait dans la salle où étaient réunis les chefs de la Commune. Il aurait fallu entendre ces braves militaires devisant sur les chignons communeux. Le *chignon communeux* deviendra légendaire.

« Et de penser, disait celui-ci, que c'est un homme à chignon qui aura brûlé les monuments de Paris et fait fusiller nos camarades... »

Plusieurs nous ont demandé comment s'était produite l'idée de la résistance. Voici ce que nous avons pu savoir à ce sujet.

L'idée première s'était produite dès la veille, au second étage. Le brigadier Cuénot en avait parlé à M. Walbert, ex-officier de paix, qui l'avait approuvée secrètement. Un sergent de ville, nommé Laurent Soissong, l'avait communiquée la veille à un prêtre qui avait sa confiance, et qui lui avait promis de recommander ce projet à Notre-Dame des Victoires. Les jeunes soldats n'en avaient pas connaissance; mais, à l'heure du danger, elle vint spontanément et comme par inspiration à l'esprit de tous les prisonniers de la troisième section. Tous indistinctement firent leur devoir: tous montrèrent une ardeur et un courage au-dessus de tout éloge.

Il n'y avait pas une minute à perdre. Pour être sauvés, il fallait absolument que toutes les volontés n'en fissent qu'une seule à quatre heures précises. Deux minutes de retard auraient suffi pour nous perdre tous.

La nuit arrivée, le sergent-major de tirailleurs algériens, le zouave et le maréchal-des-logis s'unirent pour veiller à la défense.

Le service de nuit fut parfaitement organisé. Quelques-uns purent dormir tranquillement, tandis que les autres montaient la garde en silence. Le brave sergent choisit ma cellule pour quartier général.

« Père, me dit-il, à la guerre comme à la guerre ! couchez-vous là, à mes côtés : mon dos vous servira d'oreiller. »

Le caporal Arnoux et plusieurs autres militaires, au nombre de sept ou huit, se joignirent à nous et passèrent la nuit dans ma cellule. On parlait tout bas et assez gaiement. De temps en temps le zouave s'approchait de la porte et nous donnait des nouvelles. A la pâle clarté de quelques allumettes-bougies, je pris pendant la nuit les noms et les adresses des militaires otages, qu'on trouvera sur une liste à la page 218 de ce volume.

Cette nuit fut tranquille. Je n'en ai jamais passé de meilleure dans la prison.

De leur côté, les prisonniers du deuxième étage, renforcés de quelques hommes que la troisième section leur avait fait descendre par l'ouverture du plafond, s'acquittaient bravement de leur devoir. On gardait un profond silence ; chacun se tenait sur le qui-vive.

On verra à la page 179 une lettre du caporal Arnoux qui démontre clairement par où a commencé cette admirable délivrance de la troisième section.

Ce jeune homme étant descendu, le 25 mai, dans le chemin de ronde, recueillit sur le pavé, dans le lieu même où avaient été massacrées les victimes du 24 mai, un morceau de crâne et un fragment de balle qu'il portait religieusement sur lui comme un préservatif : il me fit dépositaire d'une partie de ces reliques et je me crus autorisé, le 27 mai, à invoquer ceux qui avaient déjà répandu leur sang pour une sainte cause, en même temps que j'invoquais la Reine des martyrs.

Cette circonstance aurait-elle contribué à notre délivrance, qui a vraiment commencé là où étaient ces reliques? Je ne puis rien affirmer, sinon que je constate le fait et la coïncidence.

C'est le secret de Dieu qui se révélera peut-être un jour par la glorification des martyrs.

En ce cas, on me pardonnera d'avoir révélé la cellule d'où partit l'ordre d'ouvrir toutes les autres (1).

Quoi qu'il en soit, il restera établi dans l'histoire, que les choses admirables opérées dans cette troisième section se firent toutes sous l'inspiration religieuse.

Et tous les prêtres y concoururent, tous sans aucune exception.

Non nobis, Domine, sed nomini tuo da gloriam.

---

(1) Le samedi 27 mai, ces reliques étaient entre les mains du caporal Arnoux, à qui je les avais rendues le matin, parce que je les croyais plus en sûreté entre ses mains que dans les miennes.

Quoi qu'il en soit, nous fûmes les deux seuls à les posséder, depuis le 25 jusqu'au 27 mai.

VI

ÉPISODE ÉMOUVANT DE L'OTAGE CRÉPIN

Nous ne croyons pas aux bonnes intentions des communeux qui, le samedi soir 27 mai, vers quatre heures et demie, engagèrent les prêtres et d'autres otages à partir de la prison : car c'est immédiatement après cette invitation que les forçats, devenus libres, recevaient des armes de la main des fédérés, et criaient : *Vive la Commune!* menaçant de nous fusiller.

Le récit qu'on va lire démontre jusqu'à la dernière évidence que la prétendue délivrance offerte aux otages le samedi soir, veille de la Pentecôte, était un affreux guet-apens.

Nous avions à la troisième section un maître ouvrier cordonnier, nommé Crépin, dont l'atelier est à Saint-Ouen, rue Debain, 26. Cet homme, que j'ai particulièrement apprécié à cause de sa droiture et de ses bons sentiments, m'avait ouvert son cœur. Père de famille, il se désolait à la pensée qu'il allait être mis à mort, laissant une veuve et des orphelins. « Qu'ai-je donc fait? disait-il. Mon seul crime est de n'avoir pas voulu pactiser avec ceux qui incendient Paris et massacrent nos frères. » Je le consolai en lui faisant envisager le Ciel, où il retrouverait un jour tous les siens, et il accepta volontiers les secours religieux de mon ministère.

Je n'avais plus entendu parler de lui, quand la Providence me l'a fait rencontrer, le 7 juin, à Notre-Dame, après le service funèbre célébré pour Monseigneur l'Archevêque et les autres victimes de la Commune.

Le récit qu'il nous a fait des nombreuses péripéties et des cruels dangers de son évasion est du plus haut intérêt. M. Walbert, M. l'abbé Carré, M. l'abbé Depontalier, ex-prisonniers de la Roquette, et M. l'abbé Martin, vicaire à Belleville, étaient présents. Ils pourraient au besoin attester ce que je rapporte fidèlement.

« Je quittai, nous dit-il, ma cellule de notre troisième section le samedi 27 mai, vers une heure de l'après-midi, pour me rendre à l'infirmerie, car j'étais malade, et je ne pouvais prendre aucune nourriture. Bientôt on vint m'inviter à descendre pour me faire subir le sort de beaucoup d'autres.

«Il fallait obéir. Tout près de l'infirmerie était une salle réservée aux fiévreux ; la porte de cette salle était ouverte, je m'y précipitai et je me jetai dans un lit de fiévreux, où je restai caché une heure entière. Sur ces entrefaites, j'entendais un vacarme d'enfer non loin de moi ; les forçats, qu'on avait rendus libres, cassaient et brisaient tout ce qui leur tombait sous la main ; ils couraient en tous sens et descendaient dans les cours (1). Je ne savais ce que j'allais devenir,

---

(1) C'était le moment où se produisait la résistance de la troisième section, p. 94.

lorsqu'un détenu ordinairement employé au service de la prison me proposa à moi et à deux autres de nous cacher tous trois dans une étuve de bains qui était encore brûlante : l'eau froide qu'il y fit couler immédiatement pour la refroidir nous permit de nous y précipiter tous trois.

« Fédérés et soldats couraient avec des armes dans les couloirs. Je les entendis s'écrier avec fureur : « Allons à la troisième section ; c'est « maintenant que les otages de la troisième vont « y passer ; commençons par les prêtres. »

« Ces cris me glacèrent d'effroi ; chrétien depuis un jour seulement, je pensai que Dieu ne refuserait pas d'écouter ma prière ; je me mis donc à genoux dans mon étuve et je ne sus dire que ces mots : « Mon Dieu, mon Dieu, ayez pitié « de mes pauvres compagnons de la troisième section. »

« Vêtus comme les forçats et couchés comme des morts qui ne respirent plus, nous restâmes là, une heure, gardant le plus profond silence, quand nous arriva l'ordre de descendre et de partir immédiatement.

« Hélas ! j'avais à peine fait un pas dans la cour d'entrée, que je vis tomber un prêtre de-

— 119 —

vant mes yeux : on le fusillait à la porte. Ce spectacle me fit reculer d'horreur ; je me rappelai mes braves compagnons de la troisième section que j'avais imprudemment quittés, espérant être mieux ; je revins précipitamment dans la cour intérieure, et je criai à tous les prisonniers de cette section : « Prenez garde, ne descendez pas. » Ma recommandation fut-elle entendue, je l'ignore ; mais je craignais pour vous (1).

« Force me fut de reprendre le chemin de la porte. A l'aide de mon costume de criminel, sous lequel j'avais caché une blouse d'ouvrier, je me glissai rapidement à travers les gardes nationaux jusque dans la maison de la cantinière Rigoulot, qui nous apportait quelquefois des vivres. Chez elle était un gardien de la Roquette qui aurait pu me reconnaître; elle me fit un signe que je compris, et me prêta quelques vêtements de son fils, au moyen desquels je pus courir à

---

(1) M. l'abbé Carré et quelques militaires l'entendirent; mais, comme M. Crépin portait alors un déguisement de forçat, on ne le reconnut pas, et sa recommandation fut inutile.

travers la mitraille jusqu'au mur du Père-Lachaise. Là, de nouveaux dangers m'attendaient:
le mur étant trop élevé, je roulai comme je pus
deux énormes pierres l'une sur l'autre pour me
hisser le long du mur. C'est ainsi que je pus es-
calader l'enceinte du cimetière et me jeter parmi
les morts. Enfin je pris place entre deux cadavres, tandis que la mitraille passait au-dessus de
ma tête. Deux fédérés armés étaient cachés non
loin de moi; ils parlaient tout bas de leurs crain-
tes. Tout à coup ils jetèrent leurs armes, chan-
gèrent de vêtement, et je les suivis comme si
j'eusse été des leurs.

« Le lendemain matin, dès que parut l'armée
française, je priai un officier de me faire con-
duire à la Roquette pour bien s'assurer que j'é-
tais un otage échappé à la mort.

« Parmi tous ces dangers je pensais à vous et
à tous mes chers compagnons de la troisième
section; suivant vos conseils, je m'étais bien
souvent, pendant ma fuite, recommandé à Dieu
et à la bonne Vierge !

« Ah ! qu'on ne vienne plus devant moi parler mal des prêtres ; je les ai vus à l'œuvre, je

les connais maintenant ; j'ai vu leur courage et j'ai goûté leurs encouragements. »

Celui qui parlait ainsi a eu le bonheur de faire sa première communion à Notre-Dame-des-Victoires le 2 juillet 1871, à l'âge de 42 ans.

Quand cet honnête ouvrier rentra dans la Roquette, nous en étions déjà sortis, et nous ne savions pas ce qu'il était devenu. Aujourd'hui nous pouvons vraiment remercier Dieu de ce que pas un seul otage de cette troisième section n'a été mis à mort (1).

Plusieurs prêtres, divers otages, et parmi eux M. Chevriaux (2) et dix-huit jeunes soldats internés dans une autre partie de la prison (4° section), acceptèrent malheureusement l'offre qui

---

(1) Dieu a sans doute voulu, en sauvant quelques otages, sauver aussi la vérité historique. Je suis convaincu que tôt ou tard on découvrira les coupables qui ont trempé leurs mains dans le sang des innocents, soit à la Roquette, soit à Belleville, soit ailleurs. Seigneur, faites-leur miséricorde !

(2) Survivant. — Il put rentrer le soir sain et sauf.

leur était faite de se retirer. Ces dix-huit soldats, s'il faut en croire le récit d'un enfant qui fut parfaitement entendu par l'une de nos sentinelles, furent massacrés à la sortie de la prison (1). D'ailleurs, le bruit de la fusillade nous avait fait pressentir cette triste nouvelle.

Parmi les prêtres qui sortirent le soir du 27 mai étaient Monseigneur Surat, archidiacre, M. Bécourt, curé de Bonne-Nouvelle, massacrés l'un et l'autre tout près de la prison, et M. Houillon, des Missions étrangères, dont le corps fut retrouvé longtemps après les autres.

Ont pu s'échapper, à travers les plus grands périls, MM. Lartigue, curé de Saint-Leu ; Moléon, curé de Saint-Séverin ; Bayle, vicaire général capitulaire ; de Marsy, vicaire de Saint-Vincent-de-Paul; Dumonteil, Sosthène, Saintin et Laurent, de la Société de Picpus.

---

(1) L'enfant disait : « Qu'est-ce qu'ils ont donc fait ces soldats que vous avez tués ? »

A quoi un fédéré répondit en baissant la voix : « Chut! chut! va-t'en! » (Témoignage du caporal Arnoux et du sergent de ville Tournouer.)

Ceux qui savent bien comment tout cela s'est passé conviennent que, si tous les prêtres eussent tenté de sortir de la Roquette, vers cinq heures, quand on le leur offrait, ils eussent été massacrés. Nous avons sur ce point des témoignages précis que les Conseils de guerre ont d'ailleurs confirmés. On les trouvera à la fin de ce volume.

M. l'abbé de Marsy, dans une lettre qu'il m'a écrite le 6 juin, dépeint très-bien l'affreuse situation qui lui était faite à quatre heures du soir, le samedi 27 mai, veille de la Pentecôte :

« De mon guichet, dit-il, j'apercevais, à travers le guichet et la cellule en face de la mienne, la fumée qui commençait à sortir du pavillon de l'Est... Nous n'avions plus en perspective que les tranchets des détenus, ou l'incendie de nos cellules, ou le piége qui nous attendait à la porte, sous prétexte de mise en liberté. J'optai pour ce dernier parti. »

C'était presque choisir la mort.

M. l'abbé de Marsy et tous les autres otages coururent les plus grands dangers et ne durent la vie qu'à une protection toute spéciale de la Providence.

Pas un seul de ceux qui se trouvaient à la troisième section ne voulut sortir, et PAS UN SEUL N'EST MORT, PAS UN SEUL N'A ÉTÉ BLESSÉ DANS CETTE SECTION, TOUTE CONSACRÉE SOLENNELLEMENT A LA SAINTE VIERGE (1).

En outre, l'autorisation de sortir n'a été réellement donnée à quelques-uns qu'à la suite de la résistance organisée dans la deuxième et la troisième section. Sans cette résistance, le massacre devenait général et les assassins n'auraient pas été déconcertés. Il est aisé de s'en convaincre en lisant le dernier chapitre de ce volume, p. 170, 217.

---

(1) Plusieurs otages de cette section m'ont prié de placer des *ex voto* dans l'église de Notre-Dame des Vertus, près Paris.

VII

Faits relatifs à la quatrième section. — Mgr Surat, M. le curé de Bonne-Nouvelle, etc., massacrés.

Enfermés et barricadés dans la troisième section, nous ignorions alors ce qui se passait dans les autres sections de la prison et dans la petite Roquette. Je l'ai su plus tard d'une manière certaine.

Il n'était pas possible aux prêtres ni aux otages civils de la quatrième section, située en face de la nôtre, de rester dans leurs cellules, dont les portes étaient ouvertes.

Les gardes nationaux fédérés y accouraient de toutes parts, portant des bombes de picrate destinées à incendier la maison. Ils disaient hautement : « La Roquette brûlera cette nuit. » D'autre part, il y avait danger à sortir ; mais que faire ?

Les employés, bons ou méchants, s'accordaient tous à dire : « Si vous ne sortez pas, vous allez être tués. » Et, en même temps, les fédérés et les forçats couraient ensemble, les armes à la main.

A travers les barreaux de ma cellule, je vis avec douleur Mgr Surat, M. l'abbé Bayle, M. l'abbé Petit, M. l'abbé Bécourt, M. l'abbé Houillon, etc., se disposer à sortir. C'est en vain que nous leur criâmes à travers les barreaux de nos fenêtres : « Prenez garde... Ne sortez pas... Montez chez nous... » Mais comment y venir si les grilles du rez-de-chaussée étaient fermées ? D'ailleurs, au milieu des cris confus lancés de toutes parts, nos chers compagnons de captivité ne purent pas bien comprendre ce que nous leur disions. Ils sortirent.

Hélas ! il me semble apercevoir encore Mgr Surat, dont les longs cheveux se dessinaient comme un col éclatant de blancheur sur l'habit noir qu'on lui avait prêté Je le vis, et, dans la tristesse de mon âme, je le saluai; c'était pour la dernière fois.

Accompagné de M. l'abbé Bayle et de M. Chaulieu, il avait l'intention de se rendre chez le docteur Colombel, son ami, qui demeurait boulevart du Prince-Eugène. Ils errèrent d'abord, cherchant en vain un autre asile. On leur avait dit qu'ils trouveraient les troupes de Versailles à la mairie du Prince-Eugène (XIe arrondissement). Or, les fédérés s'y trouvaient massés en grand nombre.

Tous trois furent pris, au n° 126 de la rue de Charonne, par deux gardes nationaux fédérés. L'un d'eux, saisissant par le bras Mgr Surat lui dit : « Qui êtes-vous ? D'où venez-vous ? Où allez-vous ? » Mgr Surat lui répondit : « Je suis prêtre et nous sortons de la Roquette; on nous a mis en liberté. » — « Venez au poste », telle fut la réponse du fédéré. Mais, tandis qu'il va chercher le poste, l'autre fédéré pousse ses trois prisonniers sous la porte cochère de la maison. C'est alors que des femmes s'écrièrent : « Laissez donc ces curés partir.... Votre cause est maintenant perdue... on s'est assez battu pour elle. »

Mais déjà les hommes du poste étaient arrivés et ils emmenaient les trois otages à la mairie du XI°.

Là, Mgr Surat et M. Chaulieu furent appréhendés au corps par cinq ou six fédérés. M. Bayle allait subir la même violence quand la confusion se répandit parmi les troupes de fédérés. Les balles sifflaient et le canon de l'armée française balayait le Boulevard. M. Bayle se trouva bientôt placé entre deux feux, et les fédérés se gardèrent bien de venir l'y prendre. Il était là, entendant de toutes parts le bruit de la mitraille. Cependant il fait quelques pas, se dirigeant vers les troupes de Versailles, et trouve ouverte la porte d'une maison de belle apparence, au n° 233 du boulevard du Prince-Eugène. Il s'y présente en disant : « Je suis prêtre : si vous me refusez l'entrée, je vais mourir. » Un homme et sa femme, M. et Mme Bodet, étaient présents : « Entrez, lui répondirent-ils, et ne craignez rien : nous aimons les prêtres, nous avons des prêtres dans notre famille. » C'est ainsi que M. l'abbé Bayle put échapper à la mort. — Mais le sort de ses deux compagnons de captivité lui devenait inconnu.

La Providence ménageait des témoins. Les conseils de guerre en fourniront la preuve.

M. l'abbé Petit, Secrétaire de l'archevêché; M. Carchon, prêtre de la Société de Picpus, et M. Chevriaux, proviseur du lycée de Vanves, avaient essayé vainement de chercher un asile dans une maison voisine de la Roquette. Pour échapper à une mort inévitable, ils durent se réfugier dans un hangar entouré de planches et rempli de bois. Ils restèrent là quelque temps ; mais le danger les poursuivant, ils revinrent sur leurs pas, ne trouvant rien de plus sûr que l'affreux dépôt des condamnés.

Arrivés devant l'entrée de la prison, M. Petit et M. Chevriaux, aperçurent un groupe d'hommes du côté de la Petite-Roquette, prison des jeunes détenus. Un instant ils eurent la pensée d'aller à eux, quand tout à coup ils virent un drapeau rouge s'élever, et deux corps tomber dans une fosse. C'étaient les corps de Mgr Surat et de M. l'abbé Bécourt, qu'on venait de fusiller sur place. M. Chaulieu fut ensuite fusillé au même endroit. Entre les deux Roquettes, au moment de la confusion générale, se trouvèrent quelques instants les douze ou treize cents soldats otages sortis de la Petite-Roquette qu'on fut sur le point de fusiller, sur l'ordre des chefs de la Commune. La résistance de notre troisième section, qui troubla fort les fédérés, contribua beaucoup au salut de ces douze ou treize cents soldats.

Nous donnons ici le plan de la Petite-Roquette, prison des jeunes détenus, et de la Grande-Roquette, prison des condamnés. Le signe ☩, situé à gauche de la porte d'entrée de la Petite-Roquette, indique le lieu précis où furent tués Mgr Surat (1), M. Bécourt, M. Houillon, M. Chaulieu.

Le même jour, à neuf heures du soir, le directeur de la prison, étant monté à la 4ᵉ section, visita toutes les cellules, fit enlever tous les vêtements qui s'y trouvaient, et les brûla dans le

---

(1) Mgr Surat me disait, le 26 mai, qu'il avait engagé tous les prêtres détenus dans la prison à faire vœu de célébrer le saint sacrifice en l'honneur de la très-sainte Vierge, tous les premiers samedis du mois, pendant trois ans ; je pris devant lui le même engagement. Ce vœu sera religieusement accompli par tous les prêtres survivants ; plusieurs ont également fait le vœu d'offrir un *ex voto* à l'autel de Notre-Dame-des-Victoires.

LA PETITE ROQUETTE

PRISON DES JEUNES DÉTENUS PRÈS DE LAQUELLE MGR SURAT
ET PLUSIEURS AUTRES ONT ÉTÉ FUSILLÉS.

Dans cette Prison étaient enfermés les douze cents jeunes soldats qu'on fut sur le point de fusiller, le 27 mai. (Voyez p. 196.)

LA GRANDE ROQUETTE

PRISON DES CONDAMNÉS OU ÉTAIT MGR L'ARCHEVÊQUE.

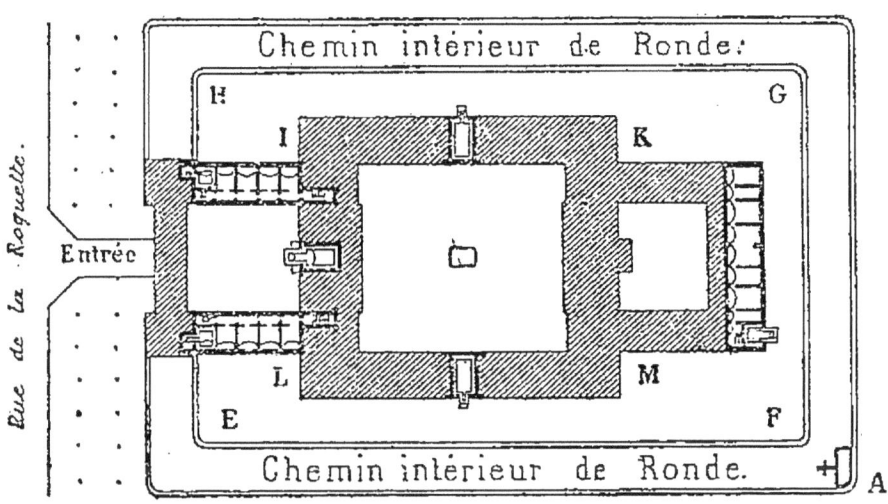

Le chemin intérieur de ronde était exclusivement réservé aux soldats otages.

La cour intérieure, marquée HGEF, était le lieu réservé aux otages civils et ecclésiastiques.

Dans le corps de bâtiment LM étaient l'Archevêque, MM. Deguerry, etc., et toutes les victimes du 24 mai.

Le corps de bâtiment IK comprenait la 3e et la 2e section. (Voir pages 86 et suivantes.)

chemin de ronde, à l'endroit même où avaient été immolées les victimes du 24 mai.

Cependant il ne fit pas tout enlever, car on trouva le lendemain, dans les cellules, certains objets ayant appartenu aux victimes.

M. Bécourt, curé de Bonne-Nouvelle, mort à la même heure que Mgr Surat, a laissé par écrit ses dernières pensées, qui sont trop trop édifiantes pour que je puisse les passer sous silence.

M. Bruant, lieutenant de vaisseau, trouva cet écrit dans la cellule de M. Bécourt :

« *Prison des condamnés, à la Roquette.*

« Jeudi 23 mai, 45e jour de détention, quelques mo-
« ments avant ma mort.

« Je remets mon âme à Dieu.

« Je me mets sous la protection de Marie et
« Joseph.

« J'envoie à ma bonne mère mes dernières,
« respectueuses et affectueuses salutations. —
« Un souvenir à mon cher père, mort en 1840.

« Adieu, chère mère, bonne sœur et bon frère.
« Adieu, Monseigneur d'Arras. Que Mgr d'Arras
« veuille bien les consoler.

. . . .

« J'ai désiré être curé de Paris; c'est l'occa-
« sion de ma mort : c'est un ancien pressenti-
« ment et peut-être une punition.

. . . .

« Adieu à Dugny (où il avait été curé), aux
« pauvres comme aux riches. Croyez tous à mon
« amour en Notre-Seigneur Jésus-Christ. Adieu!
« adieu! . . . .

« Je demande pardon à Dieu..... A ma mère,
« de mes manquements..... A mes frère et sœur,
« de mes duretés..... A mes paroissiens, de mes
« défauts..... A mes pénitents, que j'ai mal di-
« rigés.

. . . .

« Je demande pardon de certaines oppositions
« que l'amour-propre m'a fait faire à l'égard de
« deux curés, M. Hanicle et M. Barot.

« Je demande pardon à tous ceux que j'ai of-
« fensés et scandalisés.

« Je pardonne à tout le monde, sans le moin-
« dre mouvement d'animosité; à ceux qui, par
« imprudence, auront occasionné mon arresta-
« tion et ma mort.

« Au ciel, parents et amis, au ciel! Pardon,
« mon Dieu, pardon!

« Que ceux qui sont ennemis aujourd'hui, de-
« main soient d'accord! et que Paris devienne
« une ville de frères qui s'aiment en Dieu!

« Tout à Dieu, tout pour Dieu.

« Que Dieu soit aimé. — Que mes paroissiens
« croient à la parole d'un mourant.

« Je me prépare comme si j'allais monter à
« l'autel.

« Que l'on dise bien aux paroissiens et aux
« enfants que je MEURS PARCE QUE J'AI VOULU RES-
« TER A MON DEVOIR ET SAUVER LES AMES EN NE
« QUITTANT PAS PARIS (1).

« Que tout le monde prie pour moi.... Dieu me
« recevra-t-il?

« Je prie que l'on me recommande partout aux

(1) Cette parole caractérise la conduite de la plupart
des prêtres incarcérés.

« prières. Priez pour le repos de l'âme du mal-
« heureux curé de Bonne-Nouvelle, si pécheur
« en sa vie.

« Au *commencement de nos malheurs, au mois
« de septembre, je m'étais offert en état de victime
« pour Paris.* Dieu s'en est souvenu.

« Que *mon sang soit le dernier versé!*

« Mgr Daveluy, mon sous-diacre à ma pre-
« mière messe, a été martyrisé en Corée, en
« 1865.

« Je meurs dans la foi et l'union à la sainte
« Église.

« Que Dugny, que Puteaux, se convertissent!

« Je pardonne, je pardonne avec Jésus-Christ
« en croix.

. . . .

« Je meurs à cinquante-sept ans et.... jours.

« Si j'en avais profité !

« Ce vendredi 26 mai, 6 h. 1/2 du soir.

« Je meurs dans l'amour de mon Dieu, avec
« soumission à sa volonté sainte, confiant dans
« Marie, nonobstant mes péchés.

« Mes parents, mes amis, mes paroissiens, et
« même ceux qui ne me connaissent pas person-
« nellement, priez pour moi.

« Je prierai pour vous si Dieu me met dans
« son saint paradis.

« Depuis deux jours je fais mon sacrifice
« d'heure en heure.

« Heureux celui que la foi soutient dans ce
« terrible moment !

« Dieu veut toujours notre plus grand bien
« pour l'éternité.

« S'il avait voulu faire un miracle...

« Il ne l'a pas voulu. Tout à sa volonté.

« Un de mes confrères (1) ayant une sainte
« hostie, j'ai reçu la communion en via-
« tique. »

« Voilà, dit Louis Veuillot, un pauvre prêtre que l'on va tuer. Il n'a rien à attendre des
hommes qu'une mort cruelle et immédiate. Il

---

(1) M. l'abbé Petit, secrétaire général de l'Archevêché.

n'espère du monde aucun secours ; son humble mémoire n'a besoin d'aucune réparation. Désormais son unique affaire est avec Dieu. Il se confesse à Dien. L'on ne peut imaginer des conditions de sincérité plus entières.

« Il a vécu cinquante-sept ans ; il a été curé ; il a gouverné en dernier lieu une grosse paroisse. Voyez de quoi il s'est mêlé dans le monde, ce qu'il a fait, ce qui l'inquiète au dernier moment, de quelle façon il reçoit cette cruelle et injuste mort. Il nomme tous ceux qu'il a connus pour les embrasser une dernière fois. Pas une parole, et visiblement pas un mouvement de son cœur, contre personne. Il tombe assassiné comme s'il mourait par accident, et ne songe à ceux qui le précipitent que pour leur pardonner. Vous avez le prêtre. »

Pour achever ce tableau, nous transcrivons ici le testament d'un autre prêtre, écrit au crayon quand il allait mourir :

A mon beau-frère B....

« Je suis au ciel en vous attendant !!! Je vous
« recommande de le gagner !: Vous garderez

« le peu que j'avais ; vous direz à mes frè-
« res et sœurs *que vous en aviez le plus be-*
« *soin.*

« Au revoir au ciel, à toute ma famille, à tous
« mes amis ! !

« ED... X... »

Voilà encore le prêtre dans la simplicité et la sublimité de sa foi ! Ce prêtre avait-il le pressentiment du martyre?... Qui oserait dire que les prêtres massacrés l'eurent moins que lui ?

Terminons ce chapitre en citant les paroles du souverain Prêtre, auteur du sacerdoce de la loi nouvelle :

« Bienheureux ceux qui souffrent persécu-
« tion à cause de la justice : parce que le royaume
« des Cieux leur appartient.

« Vous serez bienheureux quand on vous
« maudira, qu'on vous persécutera et qu'on
« dira de vous toute espèce de mal, proférant

« des mensonges à cause de moi. — Réjouissez-
« vous et soyez dans des transports d'allégresse,
« parce qu'une magnifique récompense vous
« attend dans les Cieux. C'est ainsi qu'ils ont
« persécuté les prophètes qui furent avant
« vous. » (Mat. 5.)

VIII

JOURNÉE DU 28 MAI.

LA PENTECOTE.

Arrivée de l'armée française dans la Prison. — Délivrance. — Traversée du Carrousel. — La sainte Messe à l'église de Saint-Roch.—Vingt-et-un Prêtres massacrés par la Commune.

Le lendemain 28 mai, jour de la Pentecôte, dès l'aurore, une vive fusillade se fit entendre. L'armée française forçait la barricade de la rue de la Roquette, près du Père-Lachaise, et perdait là un certain nombre de soldats. Nous étions restés quatorze heures sous le coup des meurtriers. Enfin, vers cinq heures du matin, lorsqu'il y avait encore 18 à 20 fédérés gardant l'entrée de la Roquette, apparurent, dans la cour intérieure, sous nos fenêtres, quatre ou cinq marins de l'armée de Versailles, qui nous invitèrent à descendre. Nous refusâmes d'abord de croire à leur sincérité. D'autres marins et plusieurs de leurs officiers vinrent bientôt après. On parlementa pendant plus d'une heure, afin de bien s'assurer qu'on avait affaire à l'armée française, et non à des fédérés déguisés en marins.

Quelques soldats du 85ᵉ de ligne se montrèrent ensuite. Nous improvisâmes, à l'aide d'un ceinturon rouge, d'une cravate bleue et d'un mouchoir blanc *, un drapeau tricolore. Nous demandâmes aux marins de nous montrer le leur, qu'ils allèrent aussitôt chercher. C'était bien le drapeau tricolore, le drapeau de la France, qui fut salué avec joie par tous les prisonniers. Un prêtre, celui-là même qui écrit ces lignes, jeta dans la cour le drapeau également tricolore qu'il venait de confectionner. Les marins le saisirent avec empressement. On cria : *Vive la marine! Vive la ligne! Vive l'armée française! Vive la France!* Huit chassepots avec des cartouches furent passés au sergent-major.

Quatre hommes armés descendirent; j'étais au milieu d'eux. Nous vîmes de près ces braves

---

* Je gardais précieusement ce mouchoir blanc qui m'avait servi à renfermer la sainte Eucharistie, et le jour de la Pentecôte il servit de signe définitif à notre délivrance.

marins (1), leurs vaillants officiers nous tendirent affectueusement la main. Nous vîmes aussi les soldats du 85ᵉ de ligne avec leurs officiers, qui nous firent le même accueil. Les uns et les autres ignoraient absolument les massacres de la Roquette.

Plusieurs versèrent des larmes en apprenant ces tristes nouvelles. Tous en furent profondément attristés. Combien je regrette de n'avoir pas les noms de tous nos libérateurs! je les joindrais à la liste des nôtres, parce que tous se confondirent dans les mêmes sentiments (2).

Tandis que nous parlions à nos libérateurs dans la cour intérieure de la prison, les soldats otages restés en expectative dans la troisième section, lancèrent à travers les barreaux des fenêtres les épées de bois fabriquées quatorze heures auparavant, et il y eut un immense cri de joie quand ces sabres de bois qui avaient effrayé les Communeux tombèrent sur le pavé, à côté des chassepots.

(1) C'étaient les soldats du 1ᵉʳ régiment de fusiliers marins.
(2) Voir la lettre du lieutenant de vaisseau Bruant, page 210.

Enfin nous entrâmes dans ce greffe si redouté, d'où partirent tant d'arrêts de mort. Le Père Bazin, seul jésuite survivant, y trouva la liste des prêtres qu'on devait fusiller le samedi 27. Leurs noms étaient marqués au crayon rouge, comme ceux des victimes de la veille. Il les montra à M. l'abbé Bacuez.

Au bureau était le colonel des Plas, représentant à nos yeux cette chère armée française que nous avions tant désirée. Le colonel nous entoura aussitôt d'une bienveillance et d'une sympathie qui nous permirent de dire entre nous : « Enfin nous voilà en France ! »

Pour que nous pussions nous rendre sans danger à nos domiciles, le colonel eut la bonté de nous faire accompagner par deux officiers à cheval, qui ouvrirent la marche le long des rues et des boulevards, jusqu'au boulevard Mazas.

Nos quatre-vingt-deux soldats de la troisième section marchaient sous la conduite du sergent-major Teyssier. Venaient ensuite les sergents de ville et les dix artilleurs de la deuxième section. avec douze prêtres et un jeune séminariste. Pendant tout le trajet on entendait ces braves soldats parler continuellement de l'événement de la veille, qui les avait tous *transformés*.

Je les quittai près du pont des Saints-Pères; M. l'abbé Lamazou, dont je ne m'étais jamais séparé depuis notre départ de la préfecture de police, les accompagna jusqu'au pont de la Concorde.

Il était alors neuf heures du matin.

Convaincu que je ne pourrais célébrer le saint sacrifice dans l'église profanée de Notre-Dame-des-Victoires, je me rendis à Saint-Roch, en traversant avec une profonde tristesse la place du Carrousel. Je vis de mes yeux les Tuileries en ruines et la noire fumée qui en sortait.

Chemin faisant, il me vint en pensée de redire tout bas quelques paroles de l'*In exitu Israel*, commentées selon que me le suggéraient les circonstances.

Les Hébreux avaient traversé la mer Rouge en sortant de l'esclavage, et moi je venais de traverser une mer de sang en sortant de la prison des condamnés.

Je disais donc l'*In exitu* de la manière suivante :

« *Quand Israel fut sorti de l'Egypte et que la race de Jacob eut quitté ce peuple barbare, la Judée devint le sanctuaire du Seigneur ; Israel fut soumis à ses lois.* Paris, pauvre Paris, puisses-tu, comme Israël, être désormais soumis aux lois du Seigneur et sortir de l'esclavage des mauvaises passions !

« *La mer vit et prit la fuite ; le Jourdain remonta vers sa source.* Toi aussi, illustre et antique cité, tu verras des prodiges s'accomplir dans tes murs si tu reviens à ton Dieu ; tes ennemis seront dispersés et ce torrent de funestes doctrines qui entraînait tout sera soudain arrêté dans sa course furibonde; ce torrent ne remontera pas vers sa source, car il n'en a pas ; il est l'effroyable produit de l'orage et de la tempête. Mais Dieu arrêtera l'orage, il imposera silence à la foudre et à la tempête. Paris, reviens donc à ton Dieu.

« *Les montagnes tressaillirent comme des béliers, et les collines bondirent comme les petits des brebis.*

« *O mer, pourquoi as-tu fui? O Jourdain, pourquoi es-tu remonté vers ta source?...*

« *Montagnes, pourquoi avez-vous tressailli comme des béliers? Collines, pourquoi avez-vous bondi comme des agneaux?*

« *C'est que la présence du Seigneur Dieu de Jacob a fait trembler la terre.*

« Il en sera ainsi quand Dieu sera avec nous ; nos montagnes, nos collines et nos plaines tressailleront de joie. Dieu rendra à la France toute sa puissance et toute son influence dans le monde, car la France est encore, malgré ses égarements, la fille aînée et bien-aimée de son Église. Nous sommes et nous serons encore *la très-noble nation française* (1). »

« Paris, cité florissante et comblée de richesses, te voilà pauvre et humiliée ; mais c'est le Seigneur qui a *converti la pierre en un torrent et le rocher en une source d'eau...* Courage, relève-toi, avec la grandeur de ta Foi.

« Grand sujet de tristesse et grand sujet de joie : des barbares qui tuent sans pitié, et des martyrs qui font vivre ceux qui devaient mourir !...

(1) C'est l'expression du Saint-Père, dans son Encyclique du 1ᵉʳ juin 1871.

« Une grande victoire nous est accordée, car ces martyrs ont prié la Reine des Victoires, qui a foudroyé l'ennemi, tandis qu'il profanait son sanctuaire privilégié. Quel bonheur et quelle gloire à la face de tout l'univers !

« Oui, les hommes raconteront la faveur qui nous a été accordée le jour de la Pentecôte, dans ces horribles murs que la prière et le sang des martyrs avaient sanctifiés.

« *Seigneur, ce n'est pas à nous qu'est due la gloire, donnez-la uniquement à votre nom, à cause de votre miséricorde et de votre vérité, de peur que les nations ne disent : Où est donc leur Dieu ?*

« Seigneur, j'ai entendu quelques-unes de ces nations ajouter une humiliation à toutes nos humiliations ; elles disaient : « Voilà ce qu'est devenue la fille aînée de l'Église : où est donc son Dieu ? » Et j'ai répondu en pleurant : « La fille aînée de l'Église avait oublié ses devoirs envers son Père ; elle lui avait retiré l'appui glorieux de son bras ; elle avait profané le jour consacré au Seigneur et blasphémé son saint nom : voilà pourquoi elle a été humiliée. Mais elle reconnaîtra sa faute et implorera son pardon ; la

gloire lui reviendra, parce qu'elle dira : « Sei-
« gneur, ce n'est point à moi qu'est due la gloire,
« mais uniquement à votre nom. »

Telles sont les réflexions qui remplissaient
mon cœur et mon âme tandis que je passais à
côté des ruines encore fumantes du plus beau palais de l'univers.

Enfin j'entrai dans l'église Saint-Roch, où je
reçus l'accueil le plus fraternel et le plus aimable du Pasteur (1), et du clergé de cette paroisse.
Une foule nombreuse était accourue pour me féliciter et savoir ce qui s'était passé dans notre
prison. Quelques instants après je montais à
l'autel.

Pour la clôture du mois de Marie, et sur les
instances du vénérable pasteur de cette paroisse,
il me fallut raconter du haut de la chaire les principaux détails de notre délivrance, dont on parlait déjà dans tout Paris. Après ce discours,

---

(1) M. l'abbé Millault, qui, le lendemain de Pâques, dans l'église de Notre-Dame-des-Victoires, a récité et expliqué publiquement, du haut de la chaire, la prière pour la France. (Voir page 88.)

plusieurs personnes me supplièrent de publier par écrit ce que je venais de leur raconter. L'origine de ce récit est donc en l'église de Saint-Roch.

J'offre ici tous mes remerciements les plus sincères aux milliers de fidèles qui prièrent pour moi et pour tous les autres prêtres durant notre captivité (1). Tous ne sont pas sortis vivants de

---

(1) Au nombre des prières récitées publiquement et en particulier dans l'église de Notre-Dame des Victoires, il faut compter la prière suivante :

PRIÈRE A SAINT DENYS L'ARÉOPAGITE, MARTYR,

PREMIER ÉVÊQUE DE PARIS.

« Saint et glorieux Apôtre de Paris, dont les récits respirent la foi la plus pure et la piété la plus tendre, vous qui avez été converti par la prédication de l'apôtre saint Paul; vous qui avez eu le bonheur ineffable de voir et d'entendre la glorieuse Vierge Marie, mère de Dieu, daignez, en ces tristes jours, nous accorder la pacification de Paris et la délivrance de nos frères, principalement celle du Pontife vénérable votre successeur au siége de Paris.

« Au nom de votre sang répandu à Montmartre dans votre glorieux martyre, arrêtez l'effusion de celui qui

la prison, mais tous étaient destinés à y mourir. Plusieurs sont restés comme des témoins fidèles de ce grand combat que Satan livrait à la France et à l'Eglise.

coule au milieu de nous. Si nous obtenons cette grâce, si notre archevêque et nos prêtres nous sont conservés, nous vous promettons de propager votre culte dans la capitale de la France, et de répandre, autant qu'il dépendra de nous, les célestes enseignements contenus dans vos écrits sur la divine Eucharistie et la hiérarchie des anges. Ainsi soit-il.

Cette prière a été récitée solennellement à l'autel de Notre-Dame-des-Victoires, le 22 avril 1871, en présence d'un grand concours de fidèles et à la suite d'un *Triduum*. Depuis ce jour les fidèles continuèrent à la réciter en particulier. S'ils n'ont pas obtenu la délivrance de tous les prêtres, ils ont, du moins, obtenu la délivrance du plus grand nombre.

Dieu voulait couronner quelques martyrs, disciples de saint Denys l'Aréopagite.

J'avais promis au saint martyr un *ex voto* auquel devaient concourir les fidèles qui fréquentent l'église de Notre-Dame-des-Victoires. Dans ma pensée, c'était une réparation faite à la mémoire du saint Apôtre de Paris, disciple de saint Paul.

Je remercie en particulier ces milliers de fidèles qui ne craignirent pas d'apposer leur nom à des demandes officielles pour obtenir notre délivrance, car en ces tristes jours, de telles demandes ne pouvaient être faites en faveur des prêtres, sans courir quelques dangers. Que Dieu les bénisse et les récompense: je le lui demande par l'entremise de celle que nous appellerons plus que jamais : Notre-Dame des Victoires.

Outre les ecclésiastiques prisonniers dans la Grande-Roquette, il y en eut plusieurs autres emprisonnés à la Conciergerie, à la Santé, à Sainte-Pélagie, dans les églises, dans les secteurs, etc.

Ainsi M. Icard, Directeur du séminaire Saint-Sulpice, et M. Roussel, économe de ce même séminaire, restèrent emprisonnés à *la Santé* pendant quarante jours.

M. l'abbé Jourdan, vicaire général, fut emprisonné à la Conciergerie et y courut les plus grands dangers. Le clergé de Paris compte environ cent vingt prêtres emprisonnés, dont la vie fut plus ou moins en danger.

Le récit que nous donnons au public ayant pour but principal de consigner dans un écrit authentique les événements de la Roquette, nous n'avons pas parlé du massacre des Dominicains.

Leurs noms, ajoutés à ceux que nous connaissons déjà, nous permettent de constater qu'un Archevêque, vingt prêtres, deux sous-diacres et un séminariste ont été mis à mort par la Commune.

Ne craignons pas de dire de tous ceux qui donnèrent leur sang pour la foi de Jésus-Christ et pour la cause de l'Église, que « *leurs corps*
« ont été ensevelis dans la paix, que leur nom
« vivra de génération en génération, que les peu-
« ples proclameront leur sagesse et que l'Église
« publiera leurs louanges. »

(*Eccli.*, 44.)

Nous donnons ci-après la liste des prêtres mis à mort et nous renvoyons vers la fin du volume plusieurs listes dignes d'être conservées, car elles viennent à l'appui de notre relation.

†

LISTE DES ECCLÉSIASSIQUES FUSILLÉS OU MASSACRÉS.

1° *Dans le chemin de ronde de la Grande Roquette, 24 mai.*

Mgr DARBOY, archevêque.
MM. DEGUERRY, curé.
    CLERC, jésuite.
    DUCOUDRAY, jésuite.
    ALLARD, prêtre.

2° *Au secteur de Belleville, le 26 mai, après avoir été emmenés de la Roquette à la rue Haxo.*

MM. SABATIER, vicaire.
    OLIVAINT, jésuite.
    DE BENGY, jésuite.

MM. CAUBERT, jésuite.
PLANCHAT, prêtre.
TUFFIER, picpussien.
ROUCHOUZE, picpussien.
RADIGUE, picpussien.
SEIGNERET, séminariste.
TARDIEU, picpussien (1).

3° *En sortant de la prison de la Roquette, le samedi 27 mai.*

Mgr SURAT, archidiacre de Paris.
MM. BÉCOURT, curé.
HOUILLON, missionnaire.

---

(1) Les Jésuites, en faisant introduire la cause de la béatification de leurs pères massacrés le 24 et le 26 mai 1871, démontrent clairement qu'ils savent agir avec autant de foi que d'intelligence. Ils ne se sont pas laissés prendre au piége ridicule de ceux qui prétendaient, dans l'intérêt des coupables, attribuer à des causes humaines, politiques ou naturelles, la condamnation à mort de certains prêtres zélés et courageux; ils ont compris que l'impiété aurait ainsi un double gain : 1° elle priverait l'Église de bons prêtres; 2° elle enlèverait à l'Église la gloire des martyrs. Les prêtres survivants et les prêtres massacrés étaient coupables

OTAGES CIVILS DE LA ROQUETTE, FUSILLÉS.

MM. BONJEAN, président de la Cour de cassation, fusillé dans la Roquette.
JECKER, banquier.
CHAULIEU (fusillé en s'évadant le 27 mai).
LARGILLIÈRE, } fusillés le 25 ou 26 mai,
RUAULT, } rue Haxo.

---

du *même délit; ils étaient prêtres.* Voilà ce qu'il faut affirmer hautement, parce que c'est la pure vérité.

Tout ce qu'on a dit ou fait contre un prêtre survivant qui fut prisonnier à la Roquette a dû être dit ou fait, dans une certaine mesure, contre les prêtres massacrés.

Voilà pourquoi les prêtres survivants ont un peu le devoir de parler d'eux-mêmes, si l'Église juge à propos de le leur demander.

D'ailleurs, qu'avons-nous à craindre? Si Dieu ne joint pas ses propres affirmations aux affirmations de l'homme, le décret de béatification ne sera pas plus porté pour les Jésuites que pour les autres.

Les Jésuites s'occupent des leurs et ils font bien; on ne peut raisonnablement leur demander de s'occuper des autres.

Pour mémoire (non prisonniers à la Roquette).

FURENT MIS A MORT *(avenue d'Italie, près de l'église)* :

Le Père BOURARD, dominicain.
— CAPTIER, — (du tiers-ordre).
— COTRAULT, — —
— CHATAGNERET, —(s-diacre).
— DELHORME, — —

MM. F. VOLANT,
A. GAUQUELIN, } maîtres auxiliaires.
GROS,
MARCE,
CATHALA, } serviteurs de l'École
DINTROZ, Albert-le-Grand.
CHEMINAL,

Nous donnons ici le plan de la quatrième section avec les noms des victimes qui y furent renfermées et nous renvoyons à la fin du volume plusieurs listes dignes d'être conservées, car elles viennent à l'appui de notre relation.

Nota. — Les numéros des cellules pourraient être changés ; mais toutes les cellules gardant leurs positions respectives, la demeure des victimes reste déterminée selon le plan. Nous avons la conviction que Dieu glorifiera ici-bas quelques-uns de ceux qui furent mis à mort en haine de la foi, et c'est pour ce motif que nous avons jugé utile de publier le plan de la quatrième section.

Nous devons à l'obligeance de M. l'abbé Petit, Secrétaire général de l'archevêché, et à M. Bruant, lieutenant de vaisseau, des renseignements précis sur les cellules des prêtres mis à mort.

NOMS DES OTAGES MIS A MORT (4ᵉ SECTION.)

† 1-23. Mgr Darboy (Georges), archevêque de Paris, arrêté le 4 avril. Monseigneur n'a occupé la cellule 23 que le dernier jour de sa vie, pendant quelques heures.

† 2. M. Bonjean (Louis-Bernard), premier président.

† 3. Mgr Surat, proton. apost. vicaire général de Paris.

† 4. M. Deguerry (Gaspard), curé de la Madeleine.

† 5. Le P. de Bengy, jésuite.

† 6. Le P. Alexis Clerc, jésuite, anc. offic. de marine.

† 7. Le P. Léon Ducoudray, sup. des jésuites de l'institution Ste-Geneviève de la rue des Postes.

† 9. Le P. Caubert, jésuite.

† 11. Le P. Olivaint, sup. des jésuites, rue de Sèvres.

† 12. M. l'abbé Allard, aumôn. milit. des ambulances du diocèee d'Angers.

† 16. M. J.-B. Houillon, miss. apost. en Chine.

18. M. l'abbé Planchat, aumôn. de l'œuvre des patronages de S. Vincent-de-Paul.

† 19. M. l'abbé Paul Seigneret, sém. de S. Sulpice.

† 20. Le P. Frezal Tardieu, de Picpus.

† 24. M. Bécourt, curé de Bonne-Nouvelle.

† M. Sabatier, vic. de N.-D. de Lorette.

† 28. M. Jecker, banquier du Mexique.

† 29. Le P. Polycarpe Tuffier, proc. gén. de Picpus.

† 30. M. Derest, anc. officier de paix.

† 31. M. Largillière, sergent-fourrier du 74ᵉ bat.

† 41. M. Chaulieu, employé à la préfecture.

PLAN DE LA 4e SECTION
Où étaient Mgr l'Archevêque, le P. Olivant, M. Deguerry, l'abbé Seigneret, etc.
(Les noms des otages massacrés sont précédés d'une †.)

PLAN DE LA QUATRIÈME SECTION AU PREMIER ÉTAGE, (Bâtiment de l'Ouest)
Côté du Chemin de Ronde.

C. D. Corridor.—E Petit escalier.—E' Grand escalier.—L Lit de camp.—M Chambrée du lit de camp.—K lieu où tomba dans la matinée du 27 mai la cheminée visée par les canons du Père Lachaise. — N Barrières de fer. — † Otages massacrés.

NOMS DES OTAGES SURVIVANTS QUI FURENT ENFERMÉS DANS LA QUATRIÈME SECTION.

M. Moreau, garde national.

M. Alphonse Salmon.

M. Bayle, promoteur du diocèse de Paris.

Le P. Saintin Carchon, de Picpus.

Le P. Siméon Dumonteil, ancien miss. de l'île de Taïti, de Picpus.

Le P. Laurent Besqueut, de Picpus.

Le P. Philibert Tauvel, de Picpus.

Le P. Sosthène Duval, de Picpus.

Le F. Constantin Lemarchand, de Picpus.

M. Graef.

M. l'abbé Gard, sém. de St-Sulpice.

M. Petit, secrét. général de l'archevêché.

M. Mauléon, curé de Saint-Séverin.

M. Paul Perny, miss. apost. en Chine.

M. Cheyriaux, proviseur du lycée de Vanves.

M. Léon Guerrin, direct. au séminaire des Missions-Etrangères de la rue du Bac.

M. l'abbé de Marsy, vicaire à Saint-Vincent-de-Paul.

M. Rabut, commissaire de police de la Bourse.

M. Ferdinand Evrard, sergent-major du 106e bat.

Le P. Ladislas Radigue, prieur de la maison Picpus.

Tous les otages survivants de la deuxième et de la troisième section conviennent que leur délivrance présente un intérêt civil, religieux et militaire.

Nous pensons que cette délivrance, dans les circonstances où elle s'est produite, est un fait sinon unique, du moins très-rare dans les annales de l'histoire.

C'est un exemple à citer aux jeunes militaires, pour leur montrer ce que peut la religion sur l'esprit des combattants dans les heures les plus difficiles.

C'est un fait national qui nous rappelle nos pères, les anciens Gaulois, combattant avec des pieux aigus contre les Romains armés de glaives et de lances.

C'est donc un fait dont il faut conserver le souvenir.

Si cela dépendait de moi, je perpétuerais la mémoire de cet événement glorieux dans le lieu même où il s'est produit. Je fermerais par une double porte de fer ou de bronze l'ouverture du large plafond de la prison, et je mettrais sur chaque porte l'inscription suivante, qui pourrait être lue du premier et du deuxième étage :

Ici les otages de la Commune reçurent la bénédiction de dix prêtres ; ils invoquèrent Notre-Dame des Victoires ; ils se défendirent bravement, et ils furent sauvés. 27 et 28 mai 1871.

Par une coïncidence singulière, le jour que paraissait la cinquième édition dans laquelle pour la première fois je formulais ce vœu, on fermait soigneusement cette ouverture par où descendirent les bénédictions de Dieu.

Un inconnu me dit en présence de M. Dupont, directeur de l'École des Mines, ami du Père Clerc et comme lui ancien élève de l'Ecole polytechnique : « Nous nous garderons bien d'en laisser subsister la trace, car ce serait un trop mauvais exemple pour les prisonniers. — Soyez tranquille, lui dis-je, ce fait ne se reproduira pas ! »

Ce même personnage prétendait qu'il y avait eu beaucoup de martyrs semblables à ceux de la

Roquette : « Non lui répondit M. Dupont avec vi-
« vacité. Je connais le P. Clerc, mon ancien ca-
« marade, il est mort ici victime de la religion
« comme il serait mort à son *quart* sur un vais-
« seau en face de l'ennemi lorsqu'il était lieute-
« nant, et qu'on ne vienne pas devant moi juger
« différemment mon ancien camarade de l'École
« polytechnique, ni le comparer à ceux qui sont
« morts après avoir brûlé Paris. »

Les mêmes réflexions ne peuvent-elles pas s'appliquer, dans une certaine mesure, à presque toutes les victimes qui, le 24 mai, furent frappées de mort dans la prison de la Roquette ?

A ce récit, que nous avons publié au lendemain des événements et qui a servi de base à la plupart des écrits qu'on a publiés depuis lors, nous ajouterons plusieurs documents historiques du plus haut intérêt. Les cœurs vraiment chrétiens en seront édifiés.

IX

Lettres et documents historiques pour servir
a l'histoire de la Roquette
dans la journée du 27 mai 1871.

Sommaire : Jeune soldat assassiné près de la Roquette vers trois heures de l'après-midi. — Lettre de M. l'abbé Juge, otage de la troisième section. — Lettre du caporal Arnoux. — Lettre de Laurent Soissong, gardien de la paix. — Réflexions de l'auteur. — Lettre du capitaine Ferry. — Récit très-important d'après le 6° conseil de guerre. — Lettre de M. Walbert, officier de paix. — Lettre du lieutenant de vaisseau Bruant. — Lettre de Mgr de Ségur. — Conclusion.

En publiant La Roquette, au lendemain des événements, nous n'avons pas eu l'intention de faire un livre, mais de fournir à l'histoire des documents incontestables.

Depuis notre publication, qui en est aujourd'hui à la dixième édition, les Conseils de guerre et de nouveaux écrits sont venus confirmer ce que nous avions raconté comme témoin oculaire.

Mais quelques points étant restés obscurs relativement à la journée du 27 mai, nous nous faisons un devoir de les éclaircir, toujours dans le but de fournir à l'histoire des documents irrécusables. Sur cette journée, nous n'avons fait aucune déposition au conseil de guerre.

Le 27 mai était le lendemain des massacres de la rue Haxo. Une atmosphère de mort régnait dans toute la prison et aux alentours.

Nous nous attendions tous à de nouveaux massacres. D'ailleurs, les coups de fusil que nous entendions suffisaient pour nous avertir du sort qui nous était réservé.

Ainsi, vers trois heures de l'après-midi, il m'en souvient, nous entendîmes distinctement quelques coups de fusil dont on a parlé dans le 6ᵉ Conseil de guerre. Voici en quelles circonstances : Un tout jeune soldat de la ligne ayant été fait prisonnier aux environs de la Bastille vers deux heures de l'après-midi, fut traîné jusqu'à la prison de la Roquette et introduit dans le greffe.

Après un simulacre de jugement, le malheureux soldat fut amené rue Servan, au coin du mur de la prison, près du quinconce ; là, ces hommes qui déjà avaient si souvent trempé leurs mains dans le sang de leurs frères, sans jamais se laisser attendrir, adossèrent au mur leur jeune et infortuné captif ; ils lui ordonnèrent de s'agenouiller ; il le fit ; ils lui commandèrent de se relever ; il le fit encore ; on lui banda les yeux une première fois ; on lui retira ensuite le bandeau, pour lui bien montrer le peloton d'exécution. Enfin, on lui remit le bandeau sur les yeux, et après ce long martyre, on l'assassina sur place (1).

Henri-Raoul Deschamps, reconnu coupable d'avoir commandé le feu contre ce jeune soldat, a été exécuté le 18 septembre 1872 au camp de Satory.

Du fond de ma cellule, j'entendis, le 27 mai, les coups de fusil et, préoccupé du salut des victimes, je demandais pour elles la grâce d'une bonne et sainte mort.

Cependant c'était l'heure fatale des exécutions et c'était aussi l'heure des miséricordes.

On en jugera par les lettres et les récits que nous allons reproduire textuellement.

---

(1) Voir le plan des deux Roquettes, p. 133, 134.

Lettre de M. l'abbé Juge (1),

OTAGE DE LA TROISIÈME SECTION, A M. L'ABBÉ AMODRU.

« Paris, le 27 mai 1872.

« Monsieur et cher Confrère,

« Nous avons eu le bonheur de nous rencontrer dans les prisons pendant les derniers jours de la Commune. Nous nous sommes consolés et encouragés mutuellement, d'abord à la Préfecture de Police, puis dans notre translation de Mazas à la Roquette.

(1) M. l'abbé Juge est un prêtre vénérable, âgé de plus de soixante ans, qui a fondé l'œuvre des Sœurs Aveugles de Saint-Paul, destinée à recueillir les jeunes filles aveugles. Sa vie entière est consacrée à cette œuvre de charité.

« Je me rappelle que, dans la première de ces prisons, vous m'avez vivement engagé à invoquer Notre-Dame des Victoires au nom de son Archiconfrérie, et je vous ai vu plus tard, toujours dominé par votre confiance illimitée en la sainte Vierge, encourager tous ceux qui vous approchaient à prier cette tendre Mère avec persévérance. Vous avez fait ressortir tous ces détails dans votre récit fidèle et consciencieux de la Roquette, le premier qui ait été publié, et qui a dû servir de document à ce qu'on a écrit depuis.

. . . .
. . . .

« D'abord, je ne m'étais pas bien expliqué notre délivrance dans cette fameuse journée du 27 mai, veille de la Pentecôte ; je me l'explique aujourd'hui parfaitement, sachant que vous avez consacré toute notre section au Cœur immaculé de Marie, au nom de son Archiconfrérie, lui demandant le salut de toute notre section comme signe de sa protection, et à cause des honneurs qui lui avaient été rendus dans votre église pendant quarante jours consécutifs, en face des persécuteurs.

« Vous avez fait cette consécration de nous

tous à trois heures et demie, juste au moment où j'entendais, moi, du côté du greffe, une voix féroce dire à un gardien : « Tous, » et celui-ci lui répondre avec étonnement : « Tous ? » et la même voix féroce répliquer avec colère : « Oui, TOUS ENSEMBLE !... »

« Un autre témoin, Géraud, a entendu comme moi cet ordre fatal, après lequel il n'y avait plus d'espoir qu'en Dieu seul.

« Nous devions donc MOURIR TOUS ENSEMBLE, et l'on commençait à nous faire descendre pour nous massacrer. Une minute perdue, c'était la mort. On eût vu alors, dans les cours et aux alentours de la Roquette, un massacre pareil à celui de la rue Haxo. Il est aisé de s'en convaincre par les choses que nous avons vues et que les conseils de guerre sont venus confirmer.

« Pour moi, je fis mon suprême sacrifice, me recommandant à Notre-Dame de Consolation : *Consolatrix afflictorum, ora pro nobis.*

« Immédiatement après, je me trouvai dans le corridor, avec tous les autres, sans savoir comment et par qui ma cellule avait été ouverte. C'est alors, cher ami, que je vous vis parlant à tous nos jeunes militaires, les encourageant et leur donnant l'absolution ; c'est presque au même instant que je vous aperçus brisant, avec la rapidité de l'éclair, une brique du corridor pour faire une ouverture à la voûte, et porter aux condamnés de la deuxième section le bienfait de l'absolution, que tous ceux de la troisième avaient déjà reçue.

« C'est aussi en ce moment que tous les autres prêtres se rangèrent autour de cette ouverture, pour bénir, de concert avec vous, les prisonniers des deux sections, tandis que vous prononciez solennellement les paroles : BENEDICAT VOS OMNIPOTENS DEUS PATER ET FILIUS ET SPIRITUS SANCTUS !

« Oh ! que la très-sainte Trinité fut bien adorée et bien glorifiée dans la prison ! Qui pourrait dire les bénédictions qui descendirent du Ciel en ces horribles lieux, quand tous les cœurs eurent été purifiés par le Sacrement !

« Pour couronner cette œuvre de foi, Dieu vous inspira la pensée de nous dire : « Invoquez Notre-Dame des Victoires, refuge des pécheurs, et vous serez sauvés, etc. » Votre pieuse invitation, vous le savez, eut un écho dans tous les cœurs.

« Quel moment, grand Dieu ! quelle heure solennelle dans la vie d'un homme ! J'ai soixante-deux ans, et je ne crois pas avoir rien vu, pendant ma vie entière, de plus solennel et de plus beau !

« Dieu était aimé, adoré et glorifié dans la prison !

« Le 27 mai 1871 est le plus beau jour de ma vie, sans excepter celui de ma première Communion et celui de mon Sacerdoce ! Les âmes étaient purifiées, une nouvelle vie nous était donnée, à l'heure sonnante où vous aviez coutume de réunir les fidèles dans l'église de Notre-Dame des Victoires. Tout se tient, tout s'enchaîne ici minute par minute. Une prière amène un fait, et un fait en amène un autre.

« Je crois, cher monsieur, que nous étions tous préparés au martyre. Dieu seul connaît le mérite personnel de chacun ; mais si vous me permettez de dire toute ma pensée, je crois aussi que pour cette délivrance Dieu a voulu se servir de celui qui représentait parmi nous la vénérable église de Notre-Dame des Victoires et son Archiconfrérie.

« On expliquera ce fait comme on voudra.

« Pour moi, je le résume en deux mots : J'AI ENTENDU L'ORDRE DE NOUS MASSACRER TOUS ENSEMBLE ; ET A LA MÊME MINUTE, JE LE SAIS, VOUS NOUS CONSA-

CRIEZ TOUS ENSEMBLE AU CŒUR IMMACULÉ DE MARIE, REFUGE DES PÉCHEURS. PAS UN SEUL D'ENTRE NOUS N'A PÉRI, PAS UN SEUL N'A ÉTÉ BLESSÉ. Quatre-vingt-deux jeunes soldats otages, trois civils et dix prêtres enfermés dans notre troisième section, sont sortis sains et saufs de la prison; de plus, nous avions contribué puissamment à sauver les dix artilleurs et les quarante-six gardiens de la paix enfermés au-dessous de nous, dans la deuxième section : en tout, cent cinquante et un hommes sauvés au moment où ils allaient tous périr. Voilà le fait. Vous aviez été l'âme de cette résistance, vous deviez aussi en être l'historien; et c'est sans doute pour ce motif que Dieu vous inspira la pensée de prendre, à la lueur d'une allumette-bougie, les noms et les adresses de tous les prisonniers, que vous avez inscrits dans votre relation.

« La postérité jugera ce fait comme elle l'entendra; mais elle n'oubliera pas que celui qui l'a raconté le premier, a cité les noms et les adresses de plus de cent cinquante témoins oculaires.

« Il convient peut-être d'ajouter ici que sans notre résistance tous les prisonniers restants des autres sections eussent été massacrés ; car je suis convaincu qu'on ne les a fait sortir, en face de nous, que pour nous tendre un piége abominable.

« On sait, d'ailleurs, que Mgr Surat, M. l'abbé Bécourt, le P. Houillon et M. Chaulieu ont été massacrés, et que tous les autres ont failli subir le même sort. Les survivants des autres sections sont je crois au nombre de quinze, et ils confirment notre témoignage.

« Gloire à Dieu ! honneur à Marie ! reconnaissance éternelle à Notre-Dame des Victoires, refuge des pécheurs, invoquée dans la prison au nom de son Archiconfrérie !

« Prions, cher ami, cette bonne Mère de nous protéger toujours, de sauver la France, et d'accorder au Saint-Père des jours plus heureux.

« Votre tout dévoué compagnon de captivité,

L'Abbé Henry JUGE,

Aumônier et Fondateur des Soeurs Aveugles de Saint-Paul, 88, rue d'Enfer, Paris.

P. S. Si vous ne racontez pas vous-même ces détails, vous m'obligerez personnellement de publier ma lettre dans votre nouvelle édition de la Roquette.

H. J.

Cette lettre de M. l'abbé Juge ne laisse subsister aucun doute sur l'imminence du danger à trois heures et demie, le 27 mai.

Or, en ce moment, tous les otages de la troisième section étaient enfermés sous verroux, dans leurs cellules respectives. Ils en sortirent de la manière qui est racontée dans la lettre suivante :

Lettre du caporal Arnoux, otage de la troisième section, a m. l'abbé Amodru.

« Monsieur,

« Vous m'avez demandé quelques détails sur le commencement de notre délivrance de la troisième section de la prison de la Roquette. Voici ce que je puis affirmer sur l'honneur et en toute sincérité.

« Le samedi soir, veille de la Pentecôte, à trois heures et demie environ, nous étions, mes camarades et moi, au nombre de vingt-cinq appelés à descendre par le grand escalier, pour subir le triste sort des autres victimes. Déjà quatre de mes camarades descendaient par ce grand escalier quand j'eus l'heureuse inspiration de me précipiter vers votre cellule pour vous demander une dernière Absolution et une dernière Bénédiction.

« En ce moment, pas une seule cellule de prêtres n'était ouverte, je vous appelai par votre guichet que j'ouvris moi-même, vous étiez encore à genoux et vous vintes promptement vers moi pour me donner l'Absolution et me parler comme vous l'avez raconté dans votre livre *La Roquette;* vous ranimâtes ma confiance, vous me dîtes d'ouvrir votre cellule et celles de tous les autres prêtres, ce que je fis en me précipitant vers les n°s 8, 7, 6, 5, 4, 3, 2, 1. Vous ouvrîtes vous-même la porte de la cellule n° 10 (celle de M. l'abbé Lamazou) ; et moi, pour avoir plutôt fini, j'ouvrais les autres de deux en deux, de manière que celui que j'avais rendu libre ouvrait à son voisin. Après cela, j'ouvris encore quelques cellules des militaires otages, et ceux-ci continuèrent.

« Voilà, Monsieur, l'exacte vérité sur le commencement de notre résistance. Pinet n'était pas là, en ce moment ; Soissong vous parla après moi, et avec Soissong était monté le sergent Teyssier.

« Tout se fit avec la rapidité de l'éclair. Je ne puis dire comment m'était venue l'inspiration pressante d'aller vous trouver, quand j'étais appelé à mourir, mais c'est ainsi que les choses se sont passées. Les barricades étant construites, le gardien Pinet frappa à la porte du petit escalier, nous suppliant de lui ouvrir, nous le fîmes et nous pûmes constater que lui aussi subissait une transformation qui en fit un de nos défenseurs.

« En disant cela, je ne prétends pas m'attribuer l'honneur de la défense ; je reconnais que mes camarades devinrent admirables d'énergie et de courage ; nous subîmes tous l'heureuse influence de la religion. La confiance en Dieu, l'espérance du Ciel et la dévotion envers la Sainte-Vierge nous rendirent invincibles. Notre courage se répandit dans la deuxième section quand vous eûtes prononcé les paroles de l'Absolution et de la Bénédiction.

« Veuillez agréer, etc.

« J. Arnoux,

« Promu sergent au 5ᵉ de ligne.

« Reilhanette, le 8 septembre 1871. »

LETTRE DE M. WALBERT, OTAGE DE LA TROISIÈME SECTION
A M. L'ABBÉ AMODRU.

« Paris, le 20 Décembre 1872.

« Monsieur l'Abbé,

« J'ai lu la lettre du caporal Arnoux dans votre septième édition de la Roquette.

« Elle concorde parfaitement avec tous mes souvenirs.

« C'est bien lui qui s'est précipité vers la porte de ma cellule en me jetant ce cri : SORTEZ, ON VIENT VOUS FUSILLER.

« A ces mots je me levai précipitamment.

« Quelle heure solennelle dans la vie d'un

homme et quel précieux souvenir pour un cœur chrétien! Je m'arrête, monsieur l'Abbé, car je sens que mes yeux se mouillent de larmes.

« Merci encore une fois de nous avoir conservé religieusement tous ces souvenirs dans votre nouvelle édition.

« Agréez, Monsieur et cher Abbé, la nouvelle expression de ma reconnaissance et de mon respect.

« WALBERT, *ancien Officier de Paix,*
« 75, rue de Rennes, Paris. »

A ces quatre lettres, il ne sera peut-être pas inutile d'ajouter celle d'un gardien de la paix qui montra beaucoup de courage.

« Paris, le 21 mai 1872.

« Monsieur l'abbé Amodru,

« Nous célébrerons bientôt l'anniversaire de nos journées des 24, 25, 26, 27, 28 mai. Permettez-moi de vous écrire à cette occasion.

« Non, je n'oublierai jamais ce moment terrible où je me présentai à la porte de votre cellule que

— 184 —

venait d'ouvrir le caporal Arnoux. — Une minute plus tard, nous aurions tous été massacrés, comme nos chers compagnons de la rue Haxo. Jamais je n'ai mieux compris l'importance et l'utilité de la religion que dans ce moment suprême. Votre bénédiction nous porta bonheur, et l'invocation de Notre-Dame des Victoires nous valut une éclatante victoire dans les murs de la Roquette.

« Puisque nous n'avons pas pu visiter l'église de Notre-Dame des Victoires le 28 mai 1871, je veux du moins y aller le 28 mai 1872.

« Recevez, Monsieur, l'assurance, etc.

« Laurent Soissong,
« Gardien de la Paix (1). »

Sur le même sujet, nous laissons parler un prêtre vénérable, M. l'abbé Bacuez, professeur de théologie au séminaire Saint-Sulpice, otage de la trosième section. Voici la lettre qu'il nous a écrite :

(1) On trouvera dans l'église de Notre-Dame des Vertus plusieurs *ex voto* des otages de la Roquette.

« Séminaire d'Issy, le 15 septembre 1871.

« Monsieur et cher confrère,

« Je vois avec joie la bénédiction que la très-sainte Vierge a donnée à votre publication. Elle fera certainement beaucoup de bien, et vous avez employé utilement votre temps à recueillir les faits et à les préciser.....
« Pour la manière dont nos cellules furent ouvertes, mes souvenirs concordent avec vos notes. Toutefois, je ne puis affirmer, sur ma seule mémoire, que c'est Arnoux qui a ouvert les portes. Ce dont je suis sûr seulement, c'est que ce n'est pas Pinet. Cet homme a bien mérité le titre de brigadier qu'on lui a fait obtenir, il a parlé et agi en homme de cœur, mais quand il

est entré dans notre section, nous étions tous dans le corridor; il n'a pu que nous affermir et nous encourager dans notre résolution.

« *J'ai comme vous la ferme conviction que nous
« devons notre délivrance à une protection toute
« spéciale de la sainte Vierge.*

« Rien de plus admirable que le concours des circonstances qui nous a sauvés. On ne peut être plus près de la mort que nous n'étions, ni dans une plus grande impuissance de s'y soustraire. Nous avons passé tout un jour dans ce sentiment. Et pour ma part, j'ai dit vingt fois à Dieu que, s'il nous délivrait, je me regarderais comme ayant reçu la vie de lui une seconde fois. D'un autre côté, la résolution de nous mettre à mort était bien arrêtée.

Agréez, etc. »

Toutes ces lettres se prêtent un mutuel appui pour affirmer de quelle manière a commencé notre délivance; elle a commencé indépendamment de tout mérite personnel, là où la troisième section avait été consacrée à Notre-Dame des Victoires au nom des milliers d'âmes qui priaient pour nous.

C'est par suite de cette consécration, suivie d'un commencement de délivrance, que nous fûmes irrésistiblement entraînés à dire à tous les prisonniers d'*invoquer Notre-Dame-des-Victoires*.

Dieu seul a le secret de ses miséricordes, mais il voulut qu'à trois heures un gardien, passant le long des cellules, donnât à toutes les serrures un tour de clef, pour ouvrir le pêne sans tirer le verrou. Dans la pensée des gens de la Commune, ce tour de clef était pour nous exécuter plus rapidement ; et, dans la pensée de Dieu, c'était pour qu'il fût possible de nous trouver tous ensemble dans le corridor en faisant ouvrir toutes les portes à la fois.

O heureux ceux qui prient avec confiance et qui croient fermement que Dieu veille sur chacun de nous ! L'un sera pris, l'autre sera laissé. Pourquoi ? C'est le secret de Dieu !

Sacramentum regis abscondere bonum est ; opera autem Dei revelare honorificum est. (*Lib. Tobiæ*, cap. XII). Il est bon de cacher le secret du roi, mais il est honorable de révéler les œuvres de Dieu.

D'ailleurs, ne plaignons pas ceux qui furent massacrés en haine de la foi ; car ils sont dans la gloire. M. l'abbé Juge me disait le jour de la Pentecôte : Je suis content de ce que Dieu nous a conservé la vie, mais pourtant il est regrettable d'avoir manqué une si belle occasion d'aller au ciel !

Au point de vue humain, on frémit quand on pense que le soir du 27 mai, à 9 heures, le Directeur de la prison vint enlever ce qui restait dans les cellules des victimes, pour le brûler dans le lieu où avaient été massacrés l'Archevêque et les autres victimes du 24 mai ; que n'eût-il pas fait contre nous, s'il avait pu pénétrer dans notre section avec une bande de forcenés ?

Un otage, le sergent-major Evrard, déclara avoir entendu dire à ce Directeur que *pas un prêtre* n'échapperait au massacre, et on a su, par les révélations faites aux conseils de guerre, que tous les prêtres devaient mourir le 24 mai ou les jours suivants.

Les chefs de la Commune espéraient bien qu'il ne resterait pas un seul témoin oculaire des crimes commis à la Roquette.

Ils se trompèrent dans leurs calculs. Dieu réservait des témoins.

Toujours il en sera ainsi dans les faits généraux qui intéressent la société et l'Eglise.

Au souvenir du 24 mai 1871 et de ce que nous avons raconté à la p. 23, M. l'abbé Bacuez directeur au séminaire Saint-Sulpice, daignait le 24 mai de l'année suivante nous faire présent de son *Traité du saint office* avec cette épigraphe écrite de sa main.

« Condiscipulo, commilitoni et concaptivo in Christo et beatæ Mariæ servitio Laurentio Amodru.

L. BACUEZ.

Sœpè dùm Christi populus cruentis
 Hostis infensi premeretur armis,
Venit adjutrix pia Virgo cœlo
 Lapsa sereno.

Nil truces possunt furiæ nocere,
Mentibus castis prece quas vocata
Annuens Virgo fovet et superno
 Robore firmat.

Qui ambulat simpliciter ambulat confidenter. »

« A mon condisciple, au compagnon de mes combats et de ma captivité en Jésus-Christ, à Laurent Amodru qui est attaché au service de la Bienheureuse Vierge Marie.

L. BACUEZ.

Souvent quand le peuple chrétien
était pressé par les armes ensanglantées
d'un cruel ennemi,
la Vierge secourable
descendit du ciel, avec sérénité.

Les furies sauvages ne peuvent nuire aux âmes chastes qui prient et invoquent la Vierge, elle réchauffe ces âmes sur son cœur et les fortifie d'une force surnaturelle.

Celui qui marche avec simplicité marche avec confiance.

Souvenir du 24 mai 1871.

Fête de Notre-Dame Auxiliatrice. »

Nous avons des motifs pour croire que le 24 mai, une protection spéciale d'en haut préserva de la mort plusieurs otages de la Roquette. C'est le 24 mai, jour où l'on célèbre la fête de la sainte Vierge sous le titre de *Secours des Chré-*

tiens, que l'église de Notre-Dame des Victoires fut reprise par l'armée de Versailles, vers 8 heures du matin. Cette église était dans un état lamentable ; mais l'édifice avait échappé à l'incendie et la statue de la sainte Vierge était conservée (1). Les tonneaux de pétrole préparés dans la cour de la mairie pour incendier le vénérable sanctuaire

---

(1) Le 19 mai, au moment où l'on m'entraînait en prison, je me mis à genoux devant l'autel de Notre-Dame des Victoires, et je dis à ceux qui me conduisaient à la mort :

« Vous voyez cette statue, elle est vénérée du monde entier. Je ne sortirai pas d'ici sans que vous m'ayez promis de la respecter et de ne pas la briser. Je vous le demande et pour vous et pour moi ; comprenez bien ce que je vous dis. »

J'aime à croire que la préservation de cette vénérable statue de Marie m'a valu une préservation dans la prison de la Roquette, le 27 mai suivant.

Ceux qui ont expérimenté les bontés du cœur de Marie comprendront pourquoi je rappelle ce fait qui, d'ailleurs, a été cité publiquement par un Vicaire général. (Discours d'installation. *Semaine religieuse de Paris*, 27 juillet 1872, voir aussi *Annales de Notre-Dame des Victoires*, juin 1872.)

de Marie ne furent pas employés à temps pour cette œuvre de destruction, et PAS UNE SEULE MAISON DE LA PAROISSE DE NOTRE-DAME DES VICTOIRES N'A ÉTÉ BRULÉE, PAS UN SEUL EMPLOYÉ N'A PÉRI, PAS UN SEUL PRÊTRE DE CETTE ÉGLISE N'A ÉTÉ TUÉ, MALGRE L'ARRÊT DE MORT CENT FOIS PROCLAMÉ.

La grande Bibliothèque de la rue Richelieu échappa comme par miracle à l'incendie préparé.

La Banque de France, la Bourse, le Timbre, la Mairie, édifices appartenant à cette paroisse, furent entièrement conservés. Nous serait-il permis d'en conclure que les prières faites solennellement et courageusement dans cette église, pendant quarante jours, servirent à quelque chose ?

Le 26 mai, vers le soir, les canonniers de la Commune, postés dans le cimetière du Père-Lachaise, avaient pointé leurs canons et essayé leur tir contre la Roquette. Tout était prêt pour nous foudroyer le 27 mai. (*Voir lettre K du plan de la 4ᵉ section, page* 159.)

Et si les canons ont gardé le silence, la lettre du capitaine Ferry va nous apprendre pourquoi.

Extrait d'une lettre du capitaine Ferry
a M. l'abbé Amodru.

« . . . . . . Voici, en ce qui nous concerne, l'événement le plus saillant de la journée :

« Dans l'après-midi de cette journée, la brigade Bernard de Seigneurens, de la division Bruat, quittait sa position des remparts pour se diriger sur le Père-Lachaise. Là nous attendons de nouveaux ordres. Un peu en avant de nous, à notre droite, on voit l'église de Charonne. A environ trois cents mètres, le sol se relève brusquement, c'est le tertre sur lequel est situé le cimetière.

« Les insurgés, dans la prévision d'une attaque du côté de la ville, s'étaient retranchés vers l'ouest le mieux possible, en élevant des barricades avec des pierres tumulaires; précaution inutile; le cimetière fut attaqué à l'opposé, c'est-à-dire tout à la fois par les pointes nord, est et sud. . . . . . »

Voilà ce qui explique pourquoi la prison de la Roquette ne fut pas broyée par les pièces de canon que les insurgés avaient braquées contre nous dans le cimetière du Père-Lachaise. Quatre heures sonnèrent, la résistance s'organisait dans la prison et, en même temps, les canonniers de la Commune prenaient la panique dans le cimetière. Si notre résistance eût commencé une heure plus tôt, nous aurions été broyés par le canon, et si elle eût commencé une minute plus tard, le massacre général s'exécutait dans la prison et aux alentours.

O Providence !

Le capitaine Ferry continue en ces termes :

« Vers sept heures du soir, nous reçûmes l'ordre de donner l'assaut. Les fusiliers marins et le 74ᵉ se portent en avant pour pénétrer par la partie déclive du terrain qui borde le boulevard de Puébla. La pluie commence à tomber et rend le sol glissant ; les hommes sont chargés et épuisés, l'ascension est pénible. Trois coups de hache ont suffi pour briser la palissade en madriers qui ferme l'entrée de ce côté.

« Pendant que nous nous précipitons par cette ouverture, les fusiliers marins, pour faire diversion, escaladent le mur du côté de la rue des Poiriers et pénètrent dans l'enceinte où ils eurent à soutenir une lutte assez vive, mais quelques obusiers de montagne, en lançant à propos leurs projectiles dans le cimetière, jetèrent la panique parmi les insurgés dont le plus grand nombre s'enfuit précipitamment en escaladant le mur qui les séparait de Belleville. Le reste fut poursuivi, au milieu des ombres de la nuit, à travers les mille méandres que décrivent les tombes. La lutte suprême fut livrée aux environs du mausolée de Charles Nodier.

« C'est pendant que ces choses s'accomplissaient qu'une troupe de ces misérables s'abattit sur la prison de la Roquette pour s'emparer des otages.

« Déjà troublés par la connaissance qu'ils avaient de notre approche, ils furent surtout effrayés de trouver devant eux une résistance à laquelle ils ne s'attendaient pas. Confondus par l'attitude énergique que vous leur opposâtes, ils eurent, comme le serpent, recours à la ruse.....
« Venez, descendez, vous disaient-ils, venez, il
« ne vous sera fait aucun mal..... » Ceux des

otages qui se laissèrent prendre à ces trompeuses promesses, comme Mgr Surat, M. l'abbé Bécourt, le Père Houillon, M. Chaulieu, furent impitoyablement massacrés. »

Quelques-uns cependant échappèrent à la mort après avoir couru les plus grands dangers.

« L'incendie de la prison, telle était la dernière expression de ces forcenés et déjà ils s'éparpillaient pour se livrer à cette terrible besogne, quand apparurent avec l'aube de ce jour, 28 mai, qui devait être celui de la délivrance, les têtes de colonnes de l'armée.

« Tandis que nous nous dégagions du milieu des tombes, pour nous reformer sur le boulevard de Ménilmontant, en face de la rue de la Roquette, la brigade de Langourian, pénétrant par l'avenue Philippe-Auguste, enveloppait la prison et achevait l'œuvre que vous aviez si bien préparée.

« La nuit du 27 mai fut une des plus pénibles de cette semaine de combats, à cause de la pluie qui ne cessa de tomber à torrents et que nous reçûmes intégralement. Oh ! si elle avait pu, comme elle lavait le sol ensanglanté de la cité, laver aussi toutes les souillures morales de la Commune! mais celles-ci ne pourront être effacées que par un retour complet de la nation vers les saines croyances qui seules font l'honneur vrai et la force durable des sociétés.

« Daignez agréer, etc.

« Hippolyte FERRY,
« Ex-capitaine au 74e de marche. »

On voudra bien nous permettre quelques réflexions sur ce récit militaire.

C'est à l'heure où l'exécution des otages est commandée que ces divers mouvements de l'armée française s'opèrent aux alentours du cimetière du Père-Lachaise, c'est à l'heure où nous allions tous être broyés par le canon, que les canonniers de la Commune sont pris de la panique et s'enfuient ; c'est à la même heure que les forcenés armés qui voulaient nous massacrer tous, sont appelés à défendre leurs propres positions.

C'est dans le même temps et durant toute la nuit que ces gens moitié ivres et capables de tout, recevaient sur la tête une pluie torrentielle qui calmait un peu leur colère et gênait leurs mouvements.

Enfin, c'est aussi à la même heure que Ferré et les autres chefs de la Commune voient tous leurs plans renversés et anéantis comme par une main invisible. Les conseils de guerre nous ont fait à ce sujet bien des révélations surprenantes dont le résumé se trouve dans un journal du 23 avril 1872 (1).

Nous reproduisons ce récit : il est digne d'attention.

« Ferré, Ranvier, Tridon, Avrial, Vaillant et trois ou quatre autres firent rassembler un bataillon de fédérés de toute provenance et déclarèrent que le gouvernement allait se rendre à la Roquette pour y organiser un nouveau centre de résistance. De là, ON DEVAIT DICTER DES CONDITIONS AUX VERSAILLAIS, EN LES MENAÇANT DE MASSACRER TREIZE CENTS OTAGES qui se trouvaient dans les prisons de la Commune.

---

(1) *Petite Presse.*

« Pendant que toutes ces choses se préparaient, on vit Ranvier et Ferré circuler de barricade en barricade.

« Vers trois heures, Ferré et ses compagnons se rendirent au greffe de la Grande Roquette.

« Ils étaient suivis de plusieurs chevaux de selle, puis d'un camion de la compagnie de Lyon, sur lequel était une caisse, une seule caisse petite, mais paraissant fort précieuse, car on en prenait grand soin (1).

« Quoiqu'il en soit, le bataillon de fédérés marchait à quelque distance par derrière, de façon à entrer à la prison quelques minutes après les grands chefs.

« Au greffe, les membres de la Commune furent reçus par François, le directeur. Après un entretien de quelques instants, François sortit, monta sur l'un des chevaux et se tint en

(1) Peut-être renfermait-elle les riches couronnes de Notre-Dame des Victoires ou tout au moins leurs diamants. Il est probable que ces objets précieux, si bien remarqués par les chefs de la Commune, les accompagnaient dans leur retraite à la Roquette.

surveillance à la grille d'entrée de la prison. Dès que Ferré vit apparaître la tête de colonne du bataillon, il donna l'ordre au brigadier Ramain de lui amener les prêtres et les gendarmes détenus comme otages.

« Mais tout à coup la scène changea de face. Deux incidents tout à fait inattendus se manifestèrent à quelques minutes d'intervalle :

« D'abord les condamnés criminels auxquels on ne songeait pas, si ce n'est peut-être pour en faire des complices, s'étaient mis en révolte depuis un quart d'heure à l'instigation de deux d'entre eux condamnés à mort. Ils avaient pillé les ateliers, saisi tous les outils dont on pouvait faire une arme, et s'avançaient avec une attitude menaçante contre ces fédérés dont le nombre insolite les avait inquiétés.

« Leur intervention turbulente TROUBLA D'ABORD LA SÉCURITÉ dans laquelle les fédérés croyaient être à la Roquette.

« Ferré s'en aperçut et intervint au-devant de ces condamnés en révolte. Il eut l'audace de leur dire que la Commune, bientôt victorieuse et maîtresse de Paris, leur donnerait la liberté pleine et entière *s'ils voulaient se joindre à ses défenseurs*. Il allait peut-être réussir ; quelques-uns commencèrent à crier « Vive la Commune ! » Heureusement le second incident survint.

« Une *panique du dehors* pénétra dans la cour et acheva d'épouvanter le bataillon. On annonce que les Versaillais sont en vue ! Il n'en fallut pas davantage pour provoquer une déroute subite, les fédérés SE PRÉCIPITÈRENT EN FOULE VERS LA PORTE DE LA RUE ET SE DISPERSÈRENT EN JETANT LEURS ARMES.

« François revint.

« Il retrouva dans le greffe Ferré et ses compagnons, auxquels Ramain racontait que les otages s'étaient barricadés et refusaient de descendre. François entra dans une colère furieuse.

« Sur-le-champ il se rendit, accompagné de complices auprès des otages et les somma de se rendre. Refus. Ramain voulait qu'on descellât les grilles. François parlementa. On ne l'écouta point. « Si vous ne sortez pas, je ferai bombarder, brûler et sauter la maison », dit-il. — « Faites ce que vous voulez, répondirent les otages, nous ne descendrons pas. »

« Les fédérés vinrent faire d'autres tentatives et essayèrent d'incendier les barricades ; mais on éteignit leurs feux. Bref, les otages résistèrent jusqu'à l'arrivée des troupes régulières et furent délivrés seulement le lendemain matin (quatorze heures après le commencement de leur résistance.)

« Mais tous ces faits ne se passaient qu'au bâtiment de l'Est, et ce n'était pas le seul qui renfermât des otages. De l'autre côté de la cour, dans le bâtiment de l'ouest, il existait encore quarante-cinq prêtres, soldats ou laïques, exposés aux mêmes périls, et ceux-là n'avaient pas eu l'idée de se défendre.

« Aussi, quand Ferré vit qu'il ne pouvait pas prendre de force ceux qu'il voulait avoir, il dit à Ramain : « Puisqu'on ne peut avoir ni les curés, ni les sergents de ville, vous avez des soldats, eh bien, donnez-nous des soldats !

« Ramain commanda à Picon d'aller chercher dans un dortoir commun des bâtiments de l'ouest vingt militaires de plusieurs régiments qui descendirent sac au dos, sans savoir où on les conduisait. Il ne restait plus, après leur départ, que vingt-cinq prêtres ou laïques répartis dans les cellules du même bâtiment.

« C'est de là que sont sortis Mgr Surat et les trois autres victimes du 27 mai, ses compagnons.

« Au moment où Ferré demandait à Ramain de lui amener des soldats, un homme qui se trouvait présent au greffe, M. Briant, directeur de la petite Roquette, entendit les paroles de Ferré, et comme il gardait dans son établissement onze à douze cents militaires qui pouvaient d'un moment à l'autre se révolter, il crut opportun de s'en débarrasser ; il les fit donc sortir aussi.

« Les uns et les autres se rencontrèrent et se confondirent en une seule troupe dès leurs sorties simultanées des deux prisons, c'est-à-dire *vers trois heures et demie*.

« Leur réunion formait un nombre d'hommes assez imposant pour empêcher les fédérés de tenter aucun massacre. »

— Qu'on le remarque bien, c'était à l'heure où se faisait la consécration publique à la sainte

Vierge. Les otages de la 3ᵉ et de la 2ᵉ section étaient tous sauvés, et il y avait aussi une protection manifeste accordée à ces douze cent-vingt soldats qu'on aurait probablement massacrés. —

« Tous ces soldats furent délivrés le lendemain matin par leurs camarades.

« Revenons à la grande Roquette.

« Ferré et ses compagnons y étaient encore, mais la déroute des fédérés et la résistance des prisonniers les avaient atterrés.

« Bien loin de penser à cette fameuse organisation de défense qu'ils avaient si pompeusement annoncée, ils ne songèrent plus qu'à s'enfuir.

« Les hommes à ceinture rouge se travestirent. Ferré se déguisa en femme.

« Il avait sans doute prévu cette nécessité de la dernière heure, car il avait apporté plusieurs chignons de faux cheveux, que le pharmacien de la prison a retrouvés en partie, après son départ ; ces chignons avaient été réquisitionnés d'avance chez un perruquier du voisinage.

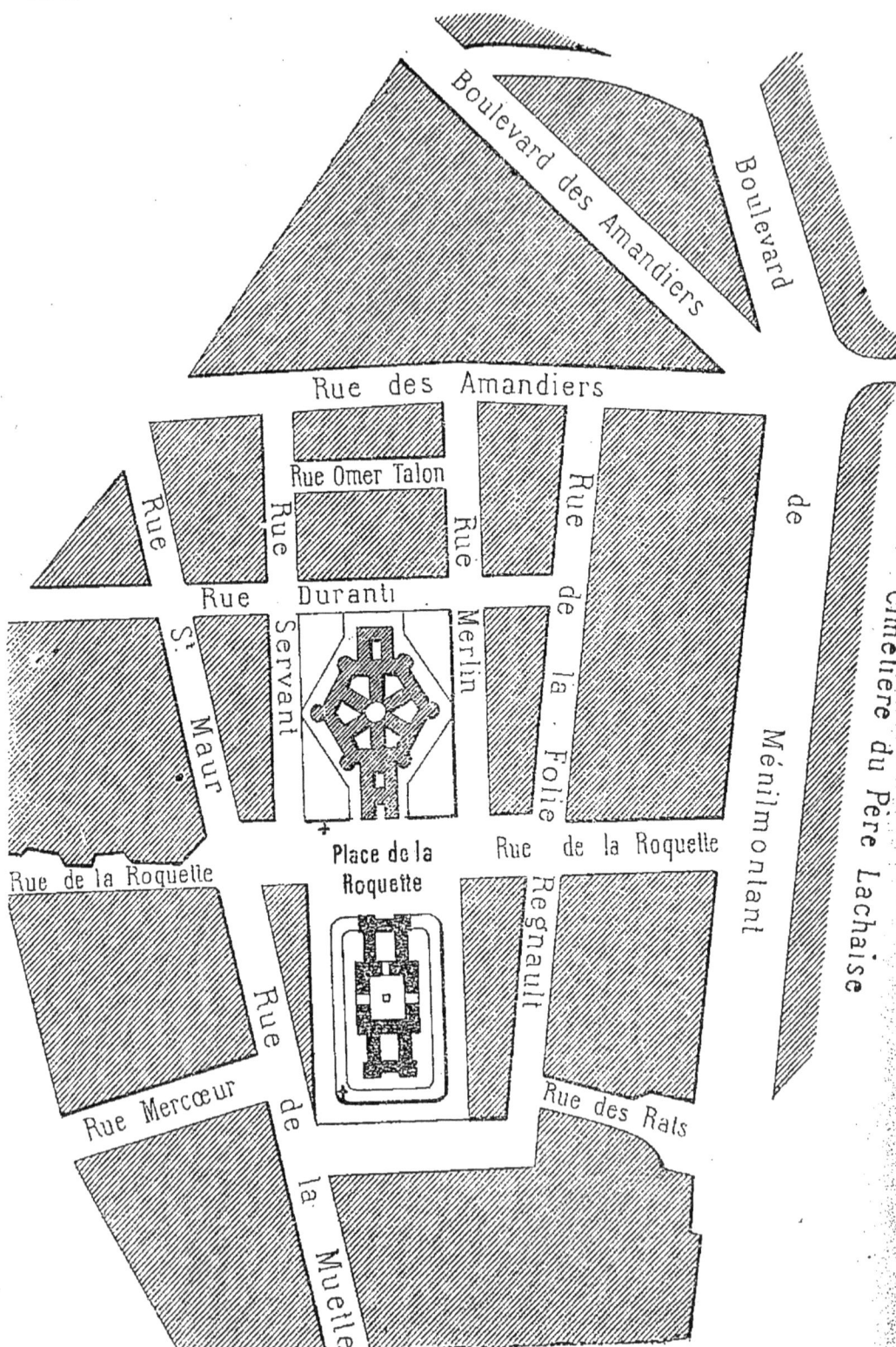

« A quatre heures, Ferré s'esquiva, suivi de François ; ses compagnons l'imitèrent.

« Les gardiens de la prison s'en aperçurent presque aussitôt, et engagèrent les otages des deux bâtiments à profiter de l'occasion pour se sauver. Ceux de la 3ᵉ et de la 2ᵉ section du bâtiment de l'est ne le voulurent jamais.

« Presque tous les autres descendirent ; quelques-uns prirent des habits au vestiaire, et ce fut ainsi qu'ils sortirent, soit individuellement, soir par petits groupes. Ils se dirigèrent vers le boulevard Voltaire, espérant se dérober ainsi aux poursuites des fédérés.

« C'est à ce moment même où ils pouvaient se croire hors de danger que les assassins massacrèrent le groupe des otages qui venaient de sortir de la grande Roquette, et qui se composait de :

« Mgr Surat, grand-vicaire de Paris ;
« L'abbé Bécourt, curé de Bonne-Nouvelle ;
« Le Père Houillon, des Missions étrangères ;

« M. Chaulieu, employé à la préfecture de police (1). »

Ce récit que nous avons emprunté à un journal, et qui ressort des dépositions faites au 6ᵉ Conseil de guerre, ne nous démontre-t-il pas qu'il y a eu le 27 mai, de trois à quatre heures, une série d'événements extraordinaires et imprévus qui contribuèrent dans tout leur ensemble à sauver les otages de la grande et petite Roquette?

Qu'on étudie bien chaque circonstance, et on demeurera saisi d'étonnement. Les chefs de la Commune, les détenus, les otages du bâtiment de l'ouest et les douze cents jeunes soldats de la petite Roquette, tous s'agitent à la même heure, autrement qu'ils ne l'avaient prévu, tandis que les cent-cinquante-deux otages de la 2ᵉ et de la 3ᵉ section du bâtiment de l'est tombent à genoux et reçoivent l'absolution ou se consacrent à Marie. Quelle scène, grand Dieu! Et il

(1) *Petite Presse*, 23 avril 1872.

ne serait pas permis d'y voir autre chose que la main de l'homme !

Dans la matinée de la Pentecôte, vers quatre heures du matin, l'armée française força la barricade de la rue de la Roquette en face du Père-Lachaise et y perdit un certain nombre d'hommes.

Nous entendîmes les coups de fusil de ce combat. En ce moment, notre prison était encore sous la garde d'un corps de vingt fédérés, laissés là par les chefs de la Commune. Ces deux considérations suffisent pour démontrer à quels dangers nous restâmes exposés pendant quatorze heures, depuis la veille de la Pentecôte jusqu'au lendemain matin.

Les soldats otages de la 3e section étaient si bien convaincus de la protection dont ils avaient été l'objet, que le lendemain 28 mai, jour de la Pentecôte, ils voulaient tous se rendre à l'église de Notre-Dame des Victoires. Ils l'eussent fait si je ne les en eusse empêchés par le motif que l'église était fermée et profanée, et que nous ne pourrions pas y entrer. M. l'abbé Lamazou fut de mon avis, et cette résolution fut prise sur le quai Voltaire, en face du pont des Saints-Pères.

M. Bruant, lieutenant de vaisseau, adjudant du 1ᵉʳ régiment de fusiliers marins, est venu plusieurs fois converser avec nous, sur les journées des 27 et 28 mai 1871. C'est lui qui le premier pénétra dans la cour de la Roquette avec sa Compagnie. Nous citons une lettre qu'il nous a écrite à la date du 27 mai 1872.

. . . .

« . . . . Je considère comme une faveur providentielle d'avoir pu pénétrer le premier dans le corridor de la 4ᵉ section, pour recueillir dans les cellules des otages plusieurs documents précieux (peut-être rapportés là pendant la nuit) tels que le testament de l'humble curé de Bonne-Nouvelle, quelques bréviaires ayant appartenu aux otages et un écrit de Mgr Surat (1). »

. . . .

« Je crois que la Providence qui est si admirablement venue à votre aide le 27 mai, vous a bien servi encore le 28 mai, car c'est après votre départ dans la matinée de la Pentecôte, que deux

---

(1) Ceux qui avaient pris ces objets purent les rapporter dans les cellules où ils les avaient pris. Peut-être le directeur négligea-t-il d'enlever les bréviaires.

balles tirées d'un point inconnu sont venues frapper deux fédérés au moment où je les interrogeais dans la grande cour de la Roquette. La justice de Dieu aurait-elle voulu démontrer davantage que si la Roquette avait été le dernier retranchement de la Commune, elle devait être aussi le lieu du châtiment des uns et du triomphe des autres ?

« Recevez, etc.,

« BRUANT, *Lieutenant de vaisseau.* »

Qu'il nous soit permis maintenant d'obéir à un sentiment de profonde reconnaissance et de nous soumettre à un conseil donné par Mgr de Ségur, en publiant sa lettre.

LETTRE DE MGR DE SÉGUR A M. AMODRU,
SOUS-DIRECTEUR GÉNÉRAL DE L'ARCHICONFRÉRIE DE
NOTRE-DAME DES VICTOIRES.

« Mon bien cher abbé,

« En lisant vos intéressants souvenirs sur les horreurs de la Roquette, je n'y trouve pas un détail que vous m'avez raconté vous-même, et qui, tout petit qu'il est, me semble avoir une certaine importance, au point de vue de l'intervention de Notre-Dame des Victoires, dans les terribles crises que vous avez traversées. Vous m'avez raconté que, cinq minutes à peine avant le moment où les otages de votre division ont décidé la résistance, vous aviez imploré à genoux, et avec un sentiment extraordinaire de confiance, l'assistance de Notre-Dame des Victoires, suppliant le très-saint et immaculé Cœur de Marie, de ne pas laisser plus longtemps infécondes tant d'ardentes prières de son Archiconfrérie bien-aimée. « En me relevant, me disiez-vous, je me suis trouvé dans une paix singulière, et sans pouvoir m'en rendre compte autrement, j'ai eu le sentiment très-clair que la sainte Vierge allait nous sauver. » A ce moment, sur votre ordre, un jeune caporal ouvrit la cellule ; et le reste que vous racontez. PAS UN OTAGE DE VOTRE DIVISION N'A PÉRI, ET NOTRE-DAME DES VICTOIRES A ÉTÉ INVOQUÉE PAR TOUTES CES VICTIMES VOUÉES A UNE MORT CERTAINE.

« Tout en comprenant le motif qui vous a fait passer sous silence ce touchant et important détail, laissez-moi, mon très-cher ami, vous reprocher une discrétion qui empêche quelque peu de voir, ou du moins de voir clairement, le rôle miséricordieux, que la très-sainte et très-bonne Vierge des Victoires a joué en tout ceci (1).

(1) Tous ceux qui fréquentent l'église de Notre-Dame des Victoires savent que le 29 novembre 1870 et vers la fin du siége, le 17 janvier 1871, de 8 à 9 heures du soir, à l'instigation du prédicateur, un *Ex-voto* général avait été promis solennellement à la sainte Vierge pour le salut de Paris et de la France. Le vénérable abbé Chanal, curé de Notre-Dame des Victoires, avait même approuvé publiquement cet *Ex-voto*.

Le dimanche 15 janvier, à l'office de l'Archiconfrérie,

« Vous me pardonnez bien certainement ce reproche uniquement dicté par le zèle de la gloire de Marie.

« En son amour je suis tout vôtre du fond du cœur.

« Paris, le 30 octobre 1871.

« † L. G. DE SÉGUR,
« Chanoine-Évêque de Saint-Denis. »

---

il avait solennellement établi l'OEUVRE DU DIMANCHE et annoncé que la neuvaine pour le salut de Paris et de la France commencerait le 17 janvier, à l'office du soir ; elle fut retardée de deux jours par ordre de Mgr l'Archevêque, mais beaucoup de fidèles, qui savaient l'annonce faite le 15, accoururent à l'ofice, le 17. — La ferveur fut extraordinaire et à la même heure se produisait l'événement du Pont-Main, sur lequel Mgr l'Evêque de Laval a fait un mandement.

On conçoit que ce pieux souvenir, joint à beaucoup d'autres, devait nous inspirer une grande confiance.

Presque toutes mes lettres ont été brûlées pendant la Commune, mais, grâce à Dieu, j'ai pu conserver mon journal du siége.

Plus tard je publierai, à la gloire de la très-sainte Vierge, ce qui s'est fait à Notre-Dame des Victoires, pen-

Puissent ces documents, ajoutés à notre récit primitif, glorifier Celle qu'on ne glorifiera jamais assez !

Loin de nous attribuer aucun mérite dans cette célèbre journée du 27 mai, nous attribuons tout aux prières ferventes et nombreuses qui furent faites de toutes parts, et nous évitons d'ailleurs de caractériser les faits.

Aux prières se joignit le courage des jeunes soldats prisonniers, mais ce courage hélas ! qu'aurait-il pu faire si une main invisible ne s'en était mêlée, pour faire ouvrir toutes les cellules à la fois ?

Frappé de cet événement, Monseigneur l'Évêque de Tarbes, dans le diocèse duquel est située Notre-Dame de Lourdes, voulut en parler publiquement dans l'église de Notre-Dame des Victoires, et il s'écria d'une voix qui attendrit tous les assistants :

dant le siége de Paris, y compris le règne de la Commune.

On a pu remarquer que le 31 mai, jour où l'on célèbre partout en France et spécialement à Paris la clôture du mois de Marie, l'insurrection était finie et la proclamation du Maréchal Mac-Mahon apparaissait. (Voyez page 13.)

« *Tous ceux qui dans la prison s'étaient con-
sacrées à Marie échappèrent au massacre!* (1) »

Quant aux prêtres qui furent massacrés en haine de la foi, nous pensons que Dieu manifestera un jour de quelle gloire il les a couronnés. La Reine des martyrs les couvrit donc aussi de sa puissante protection.

En terminant cette relation, nous sentons vivement, au fond du cœur, le désir de rendre un dernier hommage à la très-sainte Vierge. Ayant déposé humblement aux pieds de son autel notre première relation, nous voulons lui offrir encore ce modeste supplément comme un témoignage de notre profonde reconnaissance et nous la supplions de protéger toujours la France qui lui est consacrée.

La France ne périra pas; elle revivra, mais après avoir passé par des épreuves; elle rede-

(1) Voir *Annales de Notre-Dame des Victoires*, février 1872. Par les soins de M. l'abbé Chévojon, successeur de M. l'abbé Chanal, a été placé dans l'église de Notre-Dame des Victoires un *ex-voto* qui rappelle à la fois, et

viendra bonne et florissante, mais après avoir reconnu qu'elle avait outragé son Dieu et propagé l'impiété.

En ce moment, Dieu agit envers elle comme un père à l'égard de son fils. *Quis enim filius quem non corripit Pater ?* (Heb. 12, 7.) Quel est le père qui ne corrige pas son fils ?

O ma chère Patrie, que ne m'est-il donné de faire entendre partout cette vérité ! J'espère du moins qu'elle sera entendue et comprise par un très-grand nombre d'hommes, et j'ose attendre des âmes ferventes qui prièrent pour nous dans les jours mauvais, de nouvelles et ardentes prières pour la France, pour le Saint-Père, pour toute l'Eglise et pour la conversion de ceux qui avaient juré de nous faire mourir.

---

la promesse solennelle du 29 novembre 1870 et celle du 17 janvier 1871, et la délivrance des otages de la Roquette. Disons-le hautement : — La France ne périra pas, parce qu'elle est consacrée à Marie.

Sur l'événement de Pont-Main, on peut voir *Notre-Dame de Pont-Main* par M. l'abbé Postel.

A titre de documents historiques nous reproduisons plusieurs listes qui se trouvaient dans les premières éditions répandues par milliers d'exemplaires.

Pas un seul témoin nommé dans ces listes n'a contesté notre relation.

C'est pourquoi nous la considérons comme un fait acquis à l'histoire.

LISTE 1re

Noms des Ecclésiastiques survivants qui étaient à la Roquette.

—

1° A la troisième section, d'où est partie la délivrance.

MM. Bacuez, prêtre de Saint-Sulpice.
Bazin, de la Compagnie de Jésus.
Juge, fondateur du Refuge des jeunes aveugles.
Guillon, du clergé de Saint-Eustache.
Depontalier, vicaire à Belleville.
Guebels, vicaire à Saint-Eloi.
Carré, vicaire à Belleville.

MM. Delmas, du clergé de Saint-Ambroise.
Lamazou, vicaire à Sainte-Madeleine.
Amodru, vicaire à Notre-Dame-des-Victoires.

2° *Dans la quatrième section.*

MM. Bayle, vicaire général capitulaire.
Lartigue, curé de Saint-Leu.
Moléon, curé de Saint-Séverin.
De Marsy, vicaire de Saint-Vincent-de-Paul.
Guerrin, prêtre des Missions étrangères.
Saintin-Carchon, picpussien.
Sosthène, —
Laurent, —
Dumonteil, —

(Tous sortis le 27 mai, entre 4 et 5 heures.)

MM. Petit, secrétaire général de l'archevêché.
Gard (d'Annonay), élève de Saint-Sulpice.

MM. Philibert-Tauvel, picpussien.
Perny, prêtre des Missions étrangères.

Nota. Ces quatre derniers, rentrés dans la prison, se réunirent, le matin de la Pentecôte, 28 mai, à tous les otages de la troisième section, et sortirent avec eux; ils avaient tenté en vain de partir le 27.

LISTE 2e

Noms des 82 soldats survivants, 3e section (1).

André (B.), soldat au 42e de ligne; de Bois (Isère).
André (G.), caporal au 29e de marche; de Saint-Nicolas, commune de Plumelio, canton de Biaud (Morbihan).

(1) J'ai recueilli ces noms dans la prison pendant la nuit du 27 au 28 mai, parce que je sentais qu'il faudrait publier, avec preuves à l'appui, la Journée du 27 mai 1871.

Archambeau, soldat au 54ᵉ de ligne ; de Tougnet (Vendée).

Archambaud (J.), soldat au 109ᵉ de ligne.

Arnoux (J.), caporal au 109ᵉ de ligne ; de Reilhanette (Drôme).

Aurousseau (B.), soldat au 111ᵉ de ligne ; du Mont-d'Onlay, commune d'Onlay (Nièvre).

Baillot, soldat au 73ᵉ de ligne ; de Dubar (Gironde).

Barbier (F.), soldat au 108ᵉ de ligne ; de Champlemy, canton de Plomery (Nièvre).

Bertrand (P.), soldat ; de Bourges (Cher).

Bioret (J.), soldat au 120ᵉ de ligne.

Bottard (N.), soldat ; de Montereau, canton d'Ouzouer (Loiret).

Cabon (J.-M.), soldat au 23ᵉ de ligne ; de Kerdilis (Finistère).

Cabon, garde mobile.

Cartier, caporal au 44ᵉ de ligne ; d'Etival, canton de la Suze (Sarthe).

Cartoux (L.), soldat.

Chapuzet (J.), soldat au 120ᵉ de ligne ; de Goujzougnat (Creuse).

Chatelot (A.), soldat au 110ᵉ de ligne ; de Jozerand (Puy-de-Dôme).

Chaturnin (André), soldat; de Pousthomy, canton de Saint-Sernin (Aveyron).

Chion (P.-L.), soldat au 22ᵉ chasseurs à pied; de Lespyles (Drôme).

Colléneau (Ch.), soldat au 120ᵉ de ligne.

Corrége (J.), caporal au 35ᵉ de ligne; de Descala, (Hautes-Pyrénées).

Dard (L.), soldat au 97ᵉ; de Beaumont-sur-Grosne (Saône-et-Loire).

David (P.), soldat au 120ᵉ de ligne; de Prinquoy (Loire-Inférieure).

Delagrée (J.), soldat au 9ᵉ dragons; de Saint-Jacques (Ille-et-Vilaine).

Delagie, soldat au 9ᵉ dragons.

Delaunay, 29ᵉ de marche; de Ferrière-aux-Etangs (Orne).

Descharmes (A.), soldat au 29ᵉ de ligne; de Langres (Haute-Marne).

Domange (L.), soldat au 4ᵉ infanterie de marine.

Dorat (A.), soldat, 29ᵉ; du Vibral, canton de Viverols (Puy-de-Dôme).

Ducher (B), soldat au 29ᵉ de ligne.

Duponchel (H.-F.) soldat au 4ᵉ zouaves; de Nontron (Dordogne).

Dussert (B.), soldat an 29ᵉ de ligne.

Duvoghel, caporal au 4ᵉ voltigeurs ; de Guiscard (Oise).

Ersot (J.), soldat au 35ᵉ de ligne.

Euvoline (H.), soldat au 120ᵉ de ligne.

Fabre (F.), soldat au 4ᵉ infanterie de marine; de Goncelin (Isère).

Fabre (J.), soldat au 4ᵉ zouaves ; de Montellier, par Vézins (Aveyron).

Fournier (J.), soldat au 29ᵉ de ligne.

Fournier (J.), soldat au 61ᵉ de ligne ; de Gillois (Jura).

Gasnier (H.), soldat au 120ᵉ de ligne ; à Ahun (Creuse).

Gayrard (H.), soldat au 77ᵉ; La Peyrade, canton d'Aubin (Aveyron).

Gémy, 20ᵉ de marche; de Coulanche, par Messey (Orne).

Gillet, soldat au 110ᵉ de ligne, à Nantes, rue de la Moutonnerie (1).

---

(1) Ce soldat recueillit le 25 mai, dans le chemin de ronde, lieu où avait été massacré Mgr l'Archevêque, une balle qui avait dû percer son corps, car elle portait un morceau de sa soutane violette.

Guillet (P.), soldat au 42ᵉ de ligne; de Napoléon-Vendée (Vendée).

Guillot (Ét.), soldat au 119ᵉ de ligne; de Dun-le-Roi (Cher).

Humbert (P.), soldat au 83ᵉ de ligne.

Imbert (P.), 120ᵉ de ligne; de Ballon, par Séderon (Drôme).

Klany, soldat au 24ᵉ de ligne; d'Auberkantal (Haut-Rhin).

Lafaye (P.), soldat au 120ᵉ de ligne.

Lalloué (A.), caporal au 120ᵉ de ligne; de la Chapelle-au-Bois (Vosges).

Lascot (G.), soldat au 4ᵉ d'infanterie de marine; de Julliac (Corrèze).

Lecarpentier (L.), soldat au 115ᵉ de ligne, de Creully (Calvados).

Lechapelier (Malo), soldat au 54ᵉ de ligne; de Plancouet (Côtes-du-Nord).

Lepalmec (Alex.), soldat au 29ᵉ de ligne; de Lorient (Morbihan).

Lourdin (P.), soldat au 126ᵉ de ligne; de Saint-Pourçain (Allier).

Liègre (L.), soldat au 34ᵉ de ligne; de Badajanparel, canton de Napoléon-Vendée (Vendée.)

Maillot (L.-A.), soldat au 120° de ligne.

Maitrot, soldat au 3° du génie ; de Meurville (Aube).

Mairet (J.-B.), soldat au 29° de ligne.

Malval (J.), soldat ; de la Quenille (Puy-de-Dôme).

Moullette (F.), soldat au 114° de ligne ; de Saint-Pée (Hautes-Pyrénées).

Morel, soldat au 22ᵉ d'artillerie ; de Lyon (Rhône).

Monegou, soldat au 113° de ligne ; de Saint-Martin (Indre).

Mouclet (J.), soldat au 49ᵉ de ligne ; de Toul (Meurthe), 12, rue Saint-Waast.

Narjot (P.), soldat au 120ᵉ de ligne.

Navilly (Alex.), soldat au 125° de ligne.

Nicolas (J.-M.), soldat au 29ᵉ de ligne ; de Plumier, canton des Audriets (Côtes-du-Nord).

Niort (J.-M.), soldat au 113ᵉ de ligne ; de Brolade (Ille-et-Vilaine).

Ours (J.), mobile d'Aneyron (Drôme).

Paildot (J.) soldat au 114ᵉ de ligne ; de Clairval (Doubs).

Pajot (L.), soldat au 109° de ligne.

Pouey (B.) soldat au 4ᵉ d'infanterie de marine ; de Senac (Hautes-Pyrénées).

Pérat (A), soldat au 48ᵉ de ligne ; de Lyon (Rhône).

Ponlabarde, soldat au 114ᵉ de ligne ; de Bedoux (Basses-Pyrénées).

Poulet (E.), soldat au 114ᵉ de ligne ; de Chârost (Cher).

Pradier (C.), soldat au 110ᵉ de ligne ; de Salvagnac (Tarn).

Rach (M.), soldat au 118ᵉ de ligne ; à Paris, 77, rue d'Allemagne.

Ramaux (L.), soldat au 42ᵉ de ligne ; de Saint-Florent (Deux-Sèvres).

Saval, soldat au 120ᵉ de ligne ; de Mont-Louis (Indre-et-Loire).

Savary (Ch.), soldat au 120ᵉ de ligne.

Teyssier, sergent-major au 1ᵉʳ tirailleurs algériens ; du Puy (Haute-Loire).

Thomas (G.), soldat au 46ᵉ de ligne ; de Valençay (Indre).

Valentin (N.), soldat ; de Bellefontaine.

Cuestroy (C.), soldat au 58ᵉ de ligne ; de Roubaix (Nord).

Houvenaghel, maréchal-des-logis au 10° d'artillerie : de Rennes (Ille-et-Vilaine.)

LISTE 3e

Survivants de la deuxième section, placée immédiatement au-dessous de la troisième.

NOMS DES GARDIENS DE LA PAIX.

MM. Cuénot, brigadier.
　　Domec, sous-brigadier.
　　Rougé, —
　　Allard, sergent-de-ville.
　　Amoudru, —

MM. ANGST, sergent de ville.
BEAUDEY, —
BURDET, —
COINTET, —
CRETIN, —
DAUSSIN, —
DELAPLACE, —
DESBADE, —
DEVILLERS, —
FAYOT, —
FAIVRE, —
GAILLARD, —
GROSNOM, —
GUENARD, —
GUÉNET, —
HUBERT, —
LAFEUILLADE, —
LAINÉ, —
KOENIG, parti depuis 8 jours.
MARIOTTI, sergent de ville.
MASSON, —
MAUQUI —
MULLÉDO, —
MICET, —
NIEUX, —

MM. Niodot, parti depuis 8 jours.
Osvald, —
Padrona, —
Pagès, —
Regnier, —
Rénaud, —
Renault, —
Richard, —
Soissong, —
Tocane, —
Tournouer, —
Vulliod, —
Vaujany, —
Victoor, —
Wald, —
Dubosq, (L.-P.), ex-serg. de ville.

N. B. Le sous-officier Teyssier quitta cette section pour moner à la troisième, dès qu'il sut qu'on allait nous fusiller.

Noms des dix artilleurs de la deuxième section:

Houvenaghel, maréchal des logis au 10ᵉ d'artillerie.

ISSALY,	brigadier au 10ᵉ d'artillerie.	
DEGAUVE,	—	—
MARTIN,	—	—
PAQUES,	—	—
CORRAZIER,	artilleur,	—
JOURDAN,	—	—
MICHELOT,	—	—
BASSERY,	—	—
ENJOLRAS,	—	—
GUYOT,	—	—
PLUMART,	—	—
LEBRUN,	—	—

LISTE 4e

Otages civils survivants dont nous avons pu recueillir les noms.

1° *De la troisième section.*

CRÉPIN, cordonnier à Saint-Ouen, 26, rue Debain.
GÉRAUX (Alphonse), 3, rue Bréa.
WALBERT, ex-officier de paix, 3, quai Conti.

2° *De la quatrième sections.*

CHEVRIAUX, proviseur du lycée de Vanves.
RABUT, commissaire de la Bourse, sorti le 27 mai.
SALMON, 25, rue de l'Ecole-de-Médecine.
ÉVRARD (F.), sergent-major du 106° bataillon.

LISTE 5e

A titre de renseignement, nous donnons la liste suivante d'un certain nombre d'otages transférés de Mazas à la Roquette le 22 mai 1871.

—

Mgr DARBOY, archevêque.
MM. DEGUERRY, curé.
   DUCOUDRAY, jésuite.
   CLERC, jésuite.
   CAUBERT, jésuite.
   BÉCOURT, curé.
   SABATTIER, vicaire,
   OLIVAINT, jésuite.
   MOLÉON, curé.
   LARTIGUE, curé.
   RADIGUE, prêtre.
   ROUCHOUSE, prêtre.

MM. Frézal-Tardieu, prêtre.
    Houillon, —
    Surat, —
    Tuffier, —
    Guerrin, —
    Planchat, —
    Petit, —
    Perny, —
    Dumonteil, —
    Bayle, —
    De Bengy, jésuite.
    Allard, prêtre.
    Seigneret, séminariste de St-Sulpice.
    Gard, séminariste de St-Sulpice.
    Levy.
    Guichery.
    Colignon.
    Lemarchand.
    Tauvel.
    Derest.
    Duval.
    Larguillière.
    Saintin-Carchon.
    Tardieu.
    Ruault.

MM. Géraux.
Salmon.
Walbert.
Houillon, missionnaire.
Lafaye, picpussien.

LISTE 6e

Noms des otages transférés de Mazas à la Roquette le 23 mai (1)

—

MM. Bacuez, prêtre.
Bazin, jésuite.
Juge, prêtre.

(1) Ce transfèrement devait s'effectuer le 22 mai : les voitures cellulaires étant pleines, on fut obligé de le remettre au lendemain matin.

Pendant le trajet de Mazas à la Roquette, nous pûmes nous convaincre des sentiments de haine que manifestaient nos conducteurs contre la religion.

MM. Guillon, prêtre.
Guébels, —
Delmas, —
Lamazou, —
Amodru, —
De Marsy, —
Crépin (Eugène), civil.
Walbert, —
Géraux, —
Carré, prêtre.
Depontalier, prêtre.

Ces deux derniers furent amenés directement de Belleville, le 24 mai seulement.

LISTE 7e

Noms des Ecclésiastiques morts ou vivants qui se trouvaient à la Roquette.

Mgr Darboy, archevêque de Paris.
Mgr Surat,
M. l'abbé Bayle, promoteur du diocèse.
M. l'abbé Deguerry, curé de Sainte-Madeleine.
M. l'abbé Perny, des Missions étrangères.
M. l'abbé Guerrin, —
M. l'abbé Sabatier, de Notre-Dame-de-Lorette.
M. l'abbé Lamazou, de Sainte-Madeleine.

M. l'abbé Bacuez, sulpicien.

Le P. Olivaint, jésuite.

Le P. de Bengy, jésuite.

M. l'abbé Juge, aumônier des Sœurs-Aveugles.

M. l'abbé Amodru (Laurent), de Notre-Dame-des-Victoires.

M. l'abbé Depontalier, de Belleville.

M. l'abbé Delmas, de Saint-Ambroise.

M. l'abbé Guillon, de Saint-Eustache.

Le P. Bazin, jésuite.

M. l'abbé Moléon, curé de Saint-Séverin.

M. l'abbé Planchat, aumônier du patronage, à Charonne.

Le P. Clerc, jésuite.

M. l'abbé Besqueut, né à Privas (Ardèche), picpussien.

Le P. Laurent, picpussien.

Le P. Saintin-Carchon, picpussien.

Le P. Radigue, — prieur.

M. l'abbé Allard, ancien missionnaire, aumônier d'armée.

M. l'abbé Houillon, des Missions étrangères.

Le P. Ducoudray, jésuite.

M. l'abbé de Marsy, de Saint-Vincent-de-Paul.

M. Tuffier, supérieur des Picpussiens.

MM. Gard, élève du séminaire de Saint-Sulpice.
Guébels, vicaire à Saint-Éloi.
Carré, vicaire à Belleville.
Lartigue, de Saint-Leu.
Petit, secrétaire de l'archevêché.
Seigneret, élève de Saint-Sulpice.
Caubert, jésuite.
Bécourt, de Bonne-Nouvelle.
Rouchouze, picpussien.
Frézal-Tardieu, picpussien.

LISTE 8ᵉ

Gardes de Paris sortis de la Roquette et fusillés
le 26 mai.

—

MM. Geanty.
 Poirot.
 Millotte.
 Pons.
 Cousin.
 Bermond.
 Biolland.
 Breton.
 Pauly.
 Keller.
 Salder.
 Ducros.
 Jourès.
 Pourtau.
 Mannoni.
 Mouillie.
 Marty.
 Coudeville.

MM. Burlotei.
 Veiss.
 Paul.
 Colombani.
 Chapuis.
 Dupré.
 Biancherdini.
 Doublet.
 Fischer.
 Bodin.
 Mangenot.
 Marchetti.
 Margueritte.
 Villemin.
 Garodet.
 Belamy.
 Vallette.
 Moreau, g. nat.

Nous offrons et nous consacrons de nouveau cette relation à la Vierge puissante qui est aussi la Reine des martyrs et nous lui demandons humblement de la bénir.

L'abbé Amodru,

Ancien Sous-Directeur général de l'Archiconfrérie de Notre-Dame des Victoires, Curé de Notre-Dame des Vertus, à Aubervilliers, près Paris.

TABLE

Pages.

Fragment du chemin de ronde où eurent lieu les massacres du 24 mai 1871 . . .   5

Approbation de Mgr l'Archevêque de Paris.   7

Mgr de Ségur exprimant le désir que cette relation soit répandue dans toute la France par milliers d'exemplaires. . . .   9

Les militaires otages réclament cette publication   11

M. l'abbé Bacuez, prêtre du séminaire Saint-Sulpice, otage de la Roquette et témoin des faits, confirme l'*exactitude* des détails et dit que ce livre fera aimer la sainte Vierge   14

I.

MASSACRES DU 24 MAI DANS LA PRISON
DE LA ROQUETTE.

Le 31 mai, jour de la clôture du mois de Marie, l'insurrection est définitivement vaincue. 15

Dernier entretien de Mgr l'Archevêque dans la prison 16

Notre-Dame des Victoires profanée et pillée le 17 mai 17

Vœu à saint Denys l'Aréopagite, apôtre de Paris. 18

Démarches faites pour la délivrance des prêtres 19

Sept heures du soir le 24 mai. 19

Mlle Darboy, sœur de l'Archevêque, délivrée de la prison, vient à Notre-Dame des Victoires. 21, 22

Prêtres enfermés dans la troisième section, leurs noms 22

Plan de la grande Roquette. 24

Appel et exécution des six victimes du 24 mai 25, 26

Mgr Darboy meurt après tous les autres. . 26

Projet de porter la sainte Eucharistie aux prisonniers 28

Les prêtres ont-ils été tués en haine de la religion? 28, 29, 30, 146, 155, 162, 188, 68

Ignorance de la religion et travail du dimanche. 31

Sentiments de M. Deguerry; il reçoit la sainte communion 33

La confession dans la prison. 35

Croix brisée; signes avant-coureurs de la mort. 37

Corps des six victimes trouvés le 28 mai . 38

II.

JOURNÉE DU 25 MAI.

Fragment de crâne recueilli dans le chemin de ronde.................. 40

III.

JOURNÉE DU 26 MAI.

Appel de 52 victimes; leur sortie de la Roquette.................. 42

Itinéraire des victimes et plan de cet itinéraire 46, 49

Détails sur le massacre de la rue Haxo .. 50

La cantinière impie et cruelle........ 58

Noms des prêtres massacrés le 26 mai 1871.................... 62

Plan du lieu du massacre du 25 mai, rue Haxo 63

Lettre au T.-R. Père de Ponlevoy, provincial des Jésuites 66

LE DÉLIT DES PRÊTRES 68

IV.

L'abbé Seigneret, ses beaux sentiments. . 73

Séminaire St-Sulpice; ses épreuves. 73, 154, 185

Tableau de la Prison, Paris en feu 83

Le travail du Dimanche en France. . . 86, 87

V.

JOURNÉE DU 27 MAI.

L'heure du massacre général. 89

La Prière pour la France 90

Consécration à la sainte Vierge. 91

Barricades de la troisième section. 96
Quatorze heures de défense héroïque . . . 108
Ouverture de la deuxième à la troisième section. 100
Lettre de M. l'abbé Carré. 102
Plan de la troisième section. 106
Lettre de M. Walbert, officier de paix . . 105

VI.

Episode du cordonnier Crépin 115
Réflexions sur la situation des otages de 4 à 5 heures, le 27 mai. 123

VII.

Faits relatifs à la quatrième section. 125, 126. 129
Mort de Mgr Surat, premier Archidiacre de Paris et de M. Bécourt, curé de Bonne-

Nouvelle. 129

Vœu d'offrir le saint Sacrifice de la messe pendant trois ans, le premier samedi de chaque mois, en l'honneur de la sainte Vierge. 130

Plan de la petite Roquette 132

Plan de la grande Roquette. 133

Dernier écrit de M. Bécourt. 135

VIII.

JOURNÉE DU 28 MAI (LA PENTECÔTE).

Arrivée de l'armée française dans la prison 143

Les épées de bois sont rendues 145

Départ de la Roquette. 146

Traversée du Carrousel. 147

Sainte Messe et clôture du mois de Marie en l'église Saint-Roch. ; 151

Prière à saint Denis l'Aréopagite 152

Nombre des prêtres mis à mort par la Commune et leurs noms 155-160

Plan de la quatrième section. 163

Liste des victimes de la quatrième section. 162

Liste des survivants de la quatrième section. 165

Visite à la Roquette. 166

Que penser des jésuites qui ont introduit la cause de la Béatification des leurs. 158, 159

IX.

LETTRES ET DOCUMENTS HISTORIQUES POUR SERVIR A L'HISTOIRE DE LA ROQUETTE DANS LA JOURNÉE DU 27 MAI.

Lettre de M. Juge, prêtre âgé de plus de 60 ans, qui déclare que le 27 mai est le plus beau jour de sa vie. 172-178

Lettre du caporal Arnoux, qui explique comment la résistance a pu commencer. 179

Lettre de M. Walbert, nouvelles explications sur le même sujet.	182
Lettre de M. Bacuez, directeur au séminaire Saint-Sulpice; il attribue notre délivrance à la sainte Vierge.	185
Réflexions sur l'ensemble des faits qui eurent lieu de trois à quatre heures le 27 mai	186
Souvenir du 24 mai, par M. l'abbé Bacuez.	189
La statue de Notre-Dame des Victoires et l'église conservées, etc.	191
Pas une seule maison de la paroisse de Notre-Dame des Victoires n'a été brûlée; cependant le pétrole était préparé.	192
Lettre du capitaine Ferry.	193
Pourquoi le canon n'a-t-il pas broyé la Roquette?.	194
La soirée du 27 mai au Père-Lachaise.	195
Réflexions sur tout l'ensemble de la soirée du 27 mai	197
Treize cents otages condamnés et sauvés.	198
Les chignons des chefs de la Commune.	204

— 252 —

Plan des alentours de la Roquette. 206

Autres considérations sur l'ensemble des faits qui se sont produits durant quatorze heures du 27 au 28 mai. 208

Lettre de M. Bruant, lieutenant de vaisseau. 210

Deux balles tirées dans la prison le 28 mai après notre départ 211

Lettre de Mgr de Ségur. 212

Notre-Dame des Victoires et Pontmain le 17 Janvier 1871 214

Diverses listes des otages.

Offrande à la sainte Vierge.

Paris, le 1ᵉʳ juin 1871.

A Monsieur Amodru,
Vicaire à Notre Dame des Victoires.

Monsieur le Vicaire,

Au moment suprême où nous allions tous périr dans la prison de la Roquette, vous nous avez encouragés, vous nous avez bénis, vous avez ranimé notre foi et notre espérance.

En ce moment, le 27 mai, à 4 heures du soir, heure décisive, vous nous avez dit que nous allions écrire une des plus belles pages dans l'histoire de France.

Pas un d'entre nous n'a reculé, notre résistance a été louée dans tous les journaux, mais la page d'histoire n'est pas encore écrite, nous comptons sur vous pour l'écrire.

C'est un souvenir que nous tenons à conserver, nous désirons que tous les noms de chacun de nous demeurent inscrits à côté de nous de tous les PRÊTRES qui appelèrent sur nous toutes les bénédictions de DIEU, lorsque nous en avions si grand besoin.

Comment se fait-il, Monsieur l'Abbé, que pas un seul homme de notre Section n'ait péri, tandis que dans toutes les autres sections de l'infâme prison il y a eu de si nombreuses victimes?

Monsieur l'Abbé, vous nous le direz, en racontant le fait d'armes qui s'est accompli sous

vos yeux, sans que nous eussions d'autres armes que des épées de bois, ni d'autre rempart que des paillasses, des matelas et des planches.

Merci d'avance, Monsieur le digne prélat de Jésus-Christ, que nous aimons à considérer comme un ami et un brave compagnon d'infortune.

Vos défenseurs,

Eyssien, félix au 1er tirailleur afrique   L. Duponchel du 4e Zouaves

Issoly brigadier d'artillerie   Jh. Arnoux caporal au 9e de ligne

Moullette

Archambeau   Houremaghel Maréchal d'artillerie

Lebanel   Martin

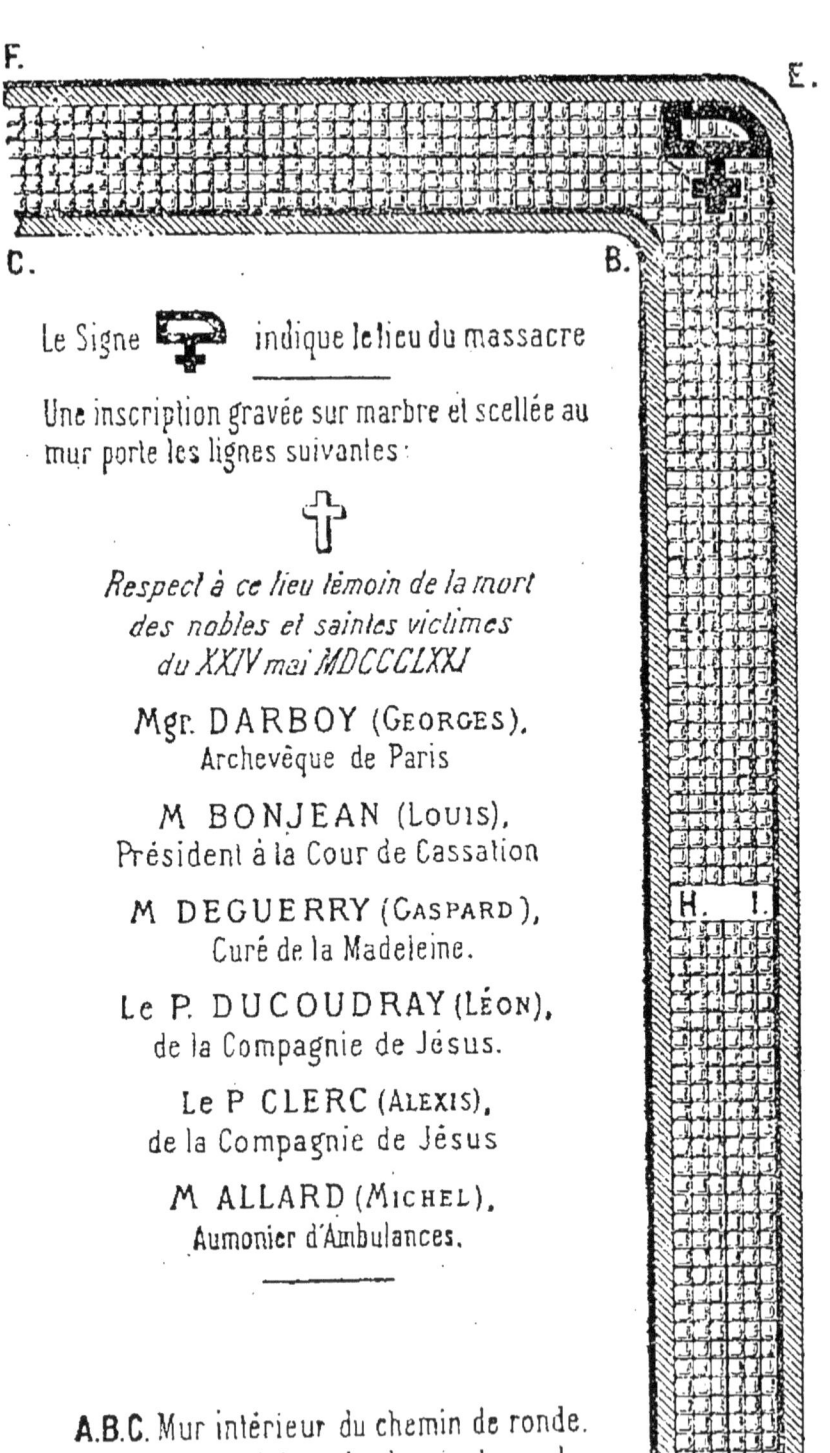

www.ingramcontent.com/pod-product-compliance
Lightning Source LLC
Chambersburg PA
CBHW070634170426
43200CB00010B/2017